# 政権崩壊

永田町徒然草

白川勝彦

花伝社

自公連立政権は、いまや政権の体《たい》を成していない。
このような政権は倒さなければならない。
しかし、新しい政権が誕生しても、
国民の希望に応える政治秩序を創れる保証は必ずしもない。
まともな政権がないと苦しむのは国民である。

新しい政治・政権を目指して戦っている、
すべての人々にこの書を捧げる。

政権崩壊——永田町徒然草◆目次

# まえがき

## 後《あと》で言うのは〝福助の頭！〟

この本は、白川勝彦Ｗｅｂサイトにある「永田町徒然草」というコーナーに私が書いた記事（論評）五三三篇の中から七〇篇を選出して一冊の本にしたものである。私としては全篇を掲載したかったのであるが、ページ数の関係でとても無理だった。本書の掲載分を選出したのは、私ではない。「編集後記」を書いてくれた編集委員会――「永田町徒然クラブ」のメンバーである。

政治的発言・論評は難しい。発言で首を飛ばされた大臣は数多くいる。それは初歩的な資質の問題なのだが、そんなことを言っているのではない。政治的発言・論評の本質的に伴う問題のことを言っているのである。

政治的事象や行動に対する評価は、ほとんど見解が分かれる。政治的立場を鮮明にすればするほど、それに対する評価も大きく分かれる。万人を感服させる発言や評論など、現代では無理である。テーマの選定からして意見は分かれる。

永田町徒然草は、きわめて政治的である。政治的評価が定まっていない現実の政治問題に対して率直な意見を表明する。私は政治評論を業とする者ではない。目の前で現実に動いている政治に関心があり、その動きや流れを私の信ずる方向に動かすために書いているのである。永田町徒然草に書くことは、そのための政治活動なのである。

政治的方向や評価が定まっていないことについて、特別な情報をもっていない私が翌日か数日後に書くのだから、恐ろしいといえば恐ろしい。無用心といえば無用心である。しかし、そういう時点において「これは、こう考えるべきではないのか」ということが政治的には重要なのである。現代社会には情報が溢れている。それらに目を通し、ひとつの判断を下すことは非常に難しい。知識はあるが、シッカリとした意見・考えをもつ人は少ない。ある政治的問題にひとつの評価・判断を下し、進むべき方向を示すことは困難であるが、それが政治的には重要なのであり、貴重であるのだ。

私はそういう決意で毎日書いている。

「永田町徒然草。あんなことを毎日よく書けますね」と多くの人から言われる。

「あの程度のことが毎日書けないようでは、プロの政治家とは言えないんですよ」と私は応える。

三〇年近く国政に携わってきたのだから、私はどんな問題についても基礎的なことは知っている。問題の所在点もあらかたは知っている。自慢ではないが、これは本当のことである。だからといって毎日書くものが皆んなホームランなどと自惚れていない。

「イチローだって、三割バッターに過ぎないんですよ。長嶋さんや張本さんだって、三割バッターだったんですよ。だから私の書く物の五本に一本がまともであれば、褒めてくださいよ」と私は冗談で応える。マジに私はそう思っている。

いろいろなことがあり過ぎて、少し月日が経てば憶えていることさえ少なくなる。しかし、その都度その都度、ホームランでなくともキチンとしたことを政治的に言うことは意味のあることだと私は確信している。後で言う（結う）のは〝福助の頭〟だ。この類の政治的発言や論説は多い……。

## 政治活動として毎日更新を始める

能書きはこのくらいにしておこう。私が永田町徒然草に毎日書くようになったのは、二〇〇六年一二月一日からである。もう少しで二年になる。それぞれの記事につけた号数は№２６４から№９４６（二〇〇八年九月三〇日現在）となった。その経過を少しく述べることをお許し頂きたい。

白川勝彦のＷｅｂサイト（以下、白川サイトという）は、一九九九年一二月に開設された。自公連立が成立した二ヶ月後であった。その時から白川サイトに「永田町徒然草」というコーナーを設けている。当時は週に二、三回更新していた。当時はブログ・システムなどなかった。私は永田町徒然草の原稿を書き、これをメールでＷｅｂマスターに送り、Ｗｅｂマスターから白川サイトに掲載してもらっていた。国会議員のＷｅｂサイトはそんなに珍しくなかったが、政治家のＷｅｂサイトはあまり更新されなかったので、白川サイトのアクセスは短期間でかなり多くなった。

この一〇年間、私の政治生活はいろいろな試練に見舞われた。政治活動を活発にしている時、白川サイトは頻繁に更新された。私にとって白川サイトは街宣車と同じように〝戦う武器〟だった。

戦いに敗れ、死んだような時もあった。そのような時、白川サイトも死んでいた。動いていなかった。それでも私は白川サイトを閉鎖しなかった。その間もかなり多くのアクセスがあったのには驚いた。私にとって、それはひとつのプレッシャーであった。愛用のノート型パソコンが壊れたので、ＷＷＷ（World Wide Web の略。ブラウザで閲覧するＨＴＭＬ形式などのＷｅｂサーバーに置かれたファイル群などであり、インターネットを形成する一部。日本ではインターネットと誤用されることが多いので、読者諸兄が読み替えるのは私は構わないが、誤りであることも心に留めておいて欲しい）を見なかった時さえあった。

二〇〇六年の秋ころ、私は仕事でワープロが必要になった。そんなことが起因となって、またＷＷＷを見るようになった。永田町徒然草も久しぶりに更新した。すぐに反応があった。多くの読者が白川サイトの再開を待っていたのだ。これに刺激されて、これからは永田町徒然草をマメに更新してみようと思った。選挙に立候補する気持ちはなかったが、休止状態の時もアクセスして下さる方が多くいたのだから、私の近況やら思っていること・考えていることなど書き綴っていくことはいっぱいあった。しかし、原稿を書いてＷｅｂマスターに送り、ＷｅｂマスターからＷ白川サイトに日々掲載してもらうことは費用だけでなく時間の上でも無理だった。

そこで素人でも簡単にＷｅｂサイトの記事を更新できるブログ・システムを組み込んだ

フォームをWebマスターから作ってもらった。それを利用すると私でも簡単に永田町徒然草の更新ができるのである。だったら毎日何か書いてみようと思い、二〇〇六年一二月一日から始めてみた。以来約二年、それはなんとなく続いている。休んだのは、コンピュータが身近にない時か、体調をすごく崩した時だけだった。

## しょせん私は政治人間

この二年間、選挙に出ようと思ったことはないが、しょせん私は政治人間なのである。現実の政治の動きに関心があるし、毎日書く物も政治的なものが自然と増えていった。そうこうするうちに、このことを私の政治活動にしようと考えるようになった。

長く衆議院議員を務めてきた者としてハッキリといえることだが、バッチを付けている者だけが政治家ではないのだ。国の現状を憂い、現実を何とかしようと考え、行動する者は政治家なのである。政治的発言をすることは、立派な政治活動なのだ。負け惜しみなどではない。私は本気でそう考えたのだ。

そう信じて行動を開始したら、すなわち永田町徒然草を毎日更新し始めたら、多くのアクセスがあった。かつての友が訪ねて来てくれたのかもしれない。これまでの私の政治活動にまったく関係ない方も訪ねてきたのだろう。

生活面では至って凡庸な私だが、私の政治的な発言や行動のスタイルは昔から個性的であり、立場がハッキリとしている。そのためアクセスして下さった方の全部が常連の読者になって下さる訳ではないと思っている。しかし、半年もすると毎日三〜四〇〇〇人ものアクセスがあるようになった。

二〇〇七年夏の参議院選挙、私は永田町徒然草を通じて懸命に戦った。もちろん反自公〝合体〟政権の立場である。この戦いを通じて永田町徒然草の読者は多くなっていった。現在は毎日一万人前後の方々が永田町徒然草を読んで下さるようになった。こうなったらもう立派な政治活動である。現実の政治に影響を与えることができると信じている。政治家を長くやってきた者として自信をもってそう言える。

## 『創価学会を斬る』のトラウマか？

私の戦う相手は、自公〝合体〟政権である。自公〝合体〟体制である。自公〝合体〟体制と表現する場合は、自公〝合体〟政権に群がる経済界・官僚マフィア・マスコミ・御用言論人などの周辺を含めた少し広い呼称である。

自公〝合体〟政権の特質のひとつは、これまでのどの政権よりもマスコミをシッカリと掌握していることである。マスコミ工作に長けた創価学会が、自公〝合体〟体制のど真ん中にいるからである。創価学会はマスコミ工作に莫大な資金を使っているし、マスコミを恫喝するマス（大衆）も抱えている。従って、私のように反自公〝合体〟体制と戦う立場を鮮明に打ち出している者には、マスコミを通じて私の政治的メッセージを伝えることはできない。ほぼ不可能に近い。逆説的にいえば、マスコミに登場する評論家やコメンテーターは、創価学会・公明党に一服盛られていると考えた方がよい。創価学会のマスコミ工作は、それほど徹底しており、執拗なのだ。

だから、WWW（インターネット）で好いのである。WWWというツールは、その本質からして創価学会が簡単に支配できないシステムなのである。自公〝合体〟体制と本気で戦おうとする者は、WWWを武器として駆使しなければならない。反自公〝合体〟政権の側は、WWWをまだ十分かつ有効に駆使していない。

もうひとつ完全に制覇されていない情報伝達ツールが出版である。創価学会には、藤原弘達氏の『創価学会を斬る』をめぐる出版妨害事件のトラウマがあるのかもしれない。また出版界にはまだ骨のある社長がいるからなのであろう。

だから、私は永田町徒然草に書いた物を本にして多くの人々に読んでもらいたいと前々から思っていた。デジタル化されている永田町徒然草の記事を本にして出版することは極めて容易である。

しかし、出版業界は非常に厳しいようである。ある程度の数が捌けないと本を出してくれる版元はないのである。特定のグループが買ってくれる右翼モノ・左翼モノ・宗教モノを本にしてくれる出版社はある。一定の数が確実に見込めるからである。

反自公〝合体〟政権の側の人々は多いのだが、政治的には纏まっていない。WWWで白川サイトを見てくれる人は多いのだが、WWWを見る人と出版との障壁は厚く高いことを痛感させられた。白川サイトには七〜八〇〇〇人の常連さんがいるのだから、三〇〇〇冊くらいは楽に捌けるだろうと思って、二〇〇七年七月イプシロン出版企画から発刊した『いまリベラルが問う』は飛ぶようには売れてくれなかった。私自身も販売に努力しなかった。それでも一年間で二七〇〇冊位が書店を通じて売れた。三〇〇〇冊を超えれば、発行は持続可能となる。

私は文筆を業とする者でない。原稿料や著作料で生計を立てている者ではない。私はWWWの他にも、私の政治的メッセージを伝えるツールが欲しいのである。本の出版はWWWと違った意味合いと強さをもっている情報伝達ツールである。なによりもWWWで私の政治的メッセージを読むことができない人々はけっこう多いのである。私を六回も国会に送って下さった熱烈な支持者の大半が現にそうなのである。

我に武器を与えよ、されば自公〝合体〟政権を倒さん！

この本を手にされた方はこのことを酌んで頂き、この本をぜひ購入して頂きたい。もし三〇〇〇冊が売れてくれれば、永田町徒然草の記事を本として今後も出版できるからである。白川勝彦へのカンパと理解して頂いても構わない。私には出版というツールがどうしても必要なのである。

## この本の構成

第1章は、二〇〇七年五月一日から七月三一日までの永田町徒然草から選出したものである。この間の政治的出来事は、参議院選挙であった。結果は、自公〝合体〟政権を歴史的大敗に追い込んだ。しかし、当初からそんな情勢では決してなかった。その辺の呼吸を読み取ってもらえれば幸いである。

第2章は、二〇〇七年八月一日から一一月三〇日までの間に書いたものである。国民の圧倒的不信任を突きつけられたにもかかわらず安倍首相は続投を宣言した。自公〝合体〟体制はこれを是認したのであるが、案の定ゴリ押しは通らなかった。そこで自公〝合体〟政権が選択したのが、福田首相だった。最初からこれは無理な選択だった。自公〝合体〟政権は歴史的大敗を総括する能力がなくなったのである。敗北を正しく総括することができなければ、再生の道など開けてくる筈がない。福田首相は二〇〇八年九月一日政権を投げ出した。九月二四日、自公〝合体〟政権は、麻生太郎氏を首相に選出した。安倍首相の続投を是認し、これをサポートすべく幹事長に就任したのは麻生氏その人であった。麻生首相・内閣の命運を予測することは、その原点に振り返って考えればそんなに難しいことだと私は思わないのだが……。

第3章は、二〇〇七年一二月一日から二〇〇八年五月二七日までのものである。この間のテーマは、〝ねじれ国会〟と憲法五九条二項の再可決とガソリン税の暫定税率である。私は三ヶ月間にわたり毎日ガソリン税の暫定税率問題だけを書き続けた。ガソリン税・道路特定財源の暫定税率問題をこれほど詳しく執拗に論じた者は多分いないであろう。税は政治の基本である。だから、いくらでも論ずることがあるし、論じなければならないのだ。国民の関心はきわめて高かった。五月の連休の初めには一日で三〇万ものアクセスがあった。これには私も驚いた。民主党を中心とする野党が今回の総選挙で勝利するためには、道路特定財源の暫定税率問題をどう訴えるかがきわめて重要である。この時期における道路特定財源の暫定税率問題に対する野党の戦いは、必ずしも国民の期待に応えるものではなかった。ハッキリいって勉強不足が目に余った。そのことはいまに至るも変わっていない。私はこの点に危惧を感じている。

第4章は、二〇〇八年六月六日から九月二八日までのものであり、道路特定財源の暫定税率の復活以降、麻生内閣誕生までである。この本の発売を解散・総選挙に間に合わせるように急いでいるが、間に合うかどうか自信はない。この本の発売が解散・総選挙に間に合わなくても、私は参議院選挙の時と同じように永田町徒然草を通じて檄を飛ばしている筈である。WWWを見ることができる人は、同時進行で戦っている永田町徒然草をぜひ読んで欲しい。その輪を広げて頂きたい。

附章として「白川勝彦にみる代議士の誕生」を収録することにした。この文の著者は、友人の田中克人氏である。政治的発言は、発言者がどのような人物であるか極めて重要である。この本で初めて白川勝彦という人物を知った方にとって、田中氏のこの文は極めて的確なガイダンスになると思う。田中克人氏については、本書の二八頁で記載している。

なお、本書の出版にあたり、原典の誤字・脱字は訂正した。分かり難い表現にも手を加えた。

ところで、この本の発刊に先行して『自公連立解体論』が花伝社から出版された。この本でも指摘しているように、自民党政権などとうの昔に崩壊している。私たちの眼前にあるのは、自公”合体“政権なのである。国民を苦しめているのは、自公”合体“政権なのである。政権交代を目指すものが、敵を見誤るようでは勝利を手にすることなど覚束ない。だから、作業としては『自公連立解体論』の発刊を先行したのである。まだ手にされていない方は、ぜひお読み頂きたい。

## 弁護士としても自公”合体“政権と戦う私

長い間私は衆議院議員として生計を立ててきた。それはもう断念した。すなわち、議員報酬などで生計を立てようとは思っていない。弁護士業を再開することにした。二〇〇八年五月東京・西新橋に白川勝彦法律事務所を開設した。法律事務所を開設するに当たり、私には期するところがあった。

多重債務で苦しんでいる人が多いことは知っていた。その実態を知れば知るほど、それは政治の貧困が招いたものであり、長い間政治に携わっていた者として責任があると考えていた。弁護の業務は多岐にわたるが、多重債務に苦しんでいる人たちの力になる仕事を白川勝彦法律事務所の業務のひとつの柱にすることにした。

白川勝彦法律事務所が多重債務問題に力を入れていることが知られるにつれて、多くの人々が私の事務所を訪ねてくる。債務整理の依頼を受けると、依頼者の生活状態を詳しく尋ねることになる。そのような相談に与ると、実に多くの人々が本当に悲惨な状況に追い込まれていることがよく分かる。多重債務に苦しんでいる人々の大半が、派遣社員かパートタイマーである。派遣社員やパートタイマーの法的地位は非常に弱い。派遣社員・パートタイマーの待遇はきわめて劣悪である。小林多喜二の『蟹工船』が売れている理由がよく分かる。

私は自民党代議士を長く務めてきたが、こんな日本を作ってきた覚えはない。こうした状況は自公〝合体〟政権が誕生してから特に顕著になってきた。債務整理の相談・依頼に応じるたびに、自公〝合体〟政権の悪政に大きな怒りを覚える。永田町徒然草の中でも、白川勝彦事務所の中でも私は自公〝合体〟政権と戦っている。

翻って自公〝合体〟政権の政治をみれば、万事が〝あとは野となれ、山となれ〟だ。自分たちが政権を保持し、甘い蜜を吸えればそれでよいという無責任極まりない政治のあり様だ。そんな輩に限って国家だ国益だという言葉を乱発する。責任感と緊張感をもって長い間政権党の一員として政治の道を必死に歩んだ者として、このような奴輩をみていると反吐が出る。

その根源を探ってみると、公約を公然と踏み躙った自公連立に行き当たる。大事なところで節を曲げ変節してしまった者は、根っ子が腐っているのだ。根っ子が腐っている木が早晩倒れることは間違いないのだが、自然に朽ち果てるのを待っている訳にはいかない。その間、多くの国民が塗炭の中で苦しみ、先人が築きあげてきた遺産を食い潰してしまい、国家として再生できなくなる虞《おそれ》さえある。現状がまさにそうである。

本書は迫りくる戦いの本質を明らかにし、国民が勝利を確実に収めるために緊急に出版することになった。本書が国家と国民の未来を切り拓く戦いの一助になれば、これに優る幸せはない。私はそれ以外の何ものも求めていない。

本書の出版を企画し、すべてを犠牲にして戦いに間に合うように発刊に漕ぎ着けて下さった花伝社社長の平田勝氏に感謝する。

本書を自公〝合体〟政権と戦うすべての人々に捧げる。

二〇〇八年一〇月吉日

東京・西新橋の白川勝彦法律事務所にて

白川勝彦

# 第1章

# 自公“合体”政権の崩壊の始まり

## ――二〇〇七年参院選挙の歴史的大敗

# 憲法記念日に誓う

二〇〇七年五月三日（木）No.414

今日は憲法記念日である。一九四七年（昭和二二年）五月三日、日本国憲法が施行された。二〇〇七年は昭和八二年であるからちょうど施行から満六〇年ということになる。私は現在の憲法がなければ、今日の繁栄はないと常々思っている。まずは慶賀の意を表わしたい。ところで今日からはじまる四日間は休みという人が多いのではないか。連休後半の始まりである。しかし、私は連休前半にちょっとダラケたので、四日間は缶詰になって原稿を書かなければならない。すべて書き上げることができたら、一日だけでもいいから郷里の十日町市に行って山菜でも頂きたいと思っている。

ところで、昨日はけっこう筆が進んだ。『ＦＯＲＵＭ21』に連載中の「創価学会党化した自民党」の終章を書き上げた。ひとつの大きな仕事が〝ひとまず〟一段落した達成感と満足感がある。その中に憲法に関する一文があるので紹介して今日の勤めとさせていただく。実はいままで徹夜でもうひとつの原稿を書いていたのだ。この永田町徒然草をupdateしたらバタンキューと眠るつもりだ。

困ったことだが、自民党は公明党との連立で安定多数をもったと錯覚し始めた。これは明らかに錯覚なのだ。自民党は、単独では過半数をとる力もいまやないのであるが……。自民党の右翼反動政治家の悲願は、憲法改正である。自民党右翼反動の系譜に育ち、そのような考えをもっている安倍首相は、憲法改正を内閣の課題として打ち出してきた。

また国民のかなりの人たちも錯覚している。公明党は憲法改正には慎重であろうという錯覚である。確かに公明党はそのようなイメージを今なお出している。しかし実際に果たしている役割をみると、安倍首相の憲法改正の動きを可能にしているのは公明党なのである。自公〝合体〟政権の弊害は、ここにもみることができる。

「（公明党が）自民党と連立政権を組んだ時、ちょうどナチス・ヒットラーが出た時の形態と非常によく似て、自民党という政党の中にある右翼ファシズム的要素、公明党の中における狂信的要素、この両者の間に奇妙な癒着関係ができ、保守独裁を安定化する機能を果たしながら、同時にこれをファッショ的傾向にもっていく起爆剤的役割として働く可能性を非常に多く持っている。そうなった時には日本の議会政治、民主政治もまさにアウトになる。そうなってからでは遅い、ということを私は現在の段階において敢えていう」

これは、いまや創価学会問題の古典ともいえる『創価学会を斬る』の中で、著者の藤原弘達氏が述べていることである。いま日本国民にとっていちばん大きな課題は、自民党の右翼反動が目論む憲法改正をどうやって阻止するかだと思っている。彼らが考える憲法改正を許せば、基本的人権の尊重と民主主義は危殆に瀕することは確実である。そうなったら〝まさにアウト〟だ。〝アウト〟にならないように私たちは頑張らなければならない。私がこのサイトでいろいろな意見を述べるのも畢竟そのためである。憲法記念日にそのことを誓いたいと思う。

## 天皇制の存続と官僚制

二〇〇七年五月一〇日（木）No.421

私は大学四年の秋から一念発起して法律の勉強を始めた。当然のことながら、法律の勉強は憲法から入る。それまで政治活動をし、政治の勉強をしていたので、憲法の本を読むことは楽しかったし面白かった。ほとんどの法学生が疑問に持つことだと思うが、昭和憲法が徹底した平等を定めていることと、国民とは明らかに異なる地位にある天皇を認めることとの整合性だった。ほとんどの憲法の本は、その整合性を明快には述べていなかった。

憲法には論理的な整合性が求められることは当然だが、同時に憲法は政治的な法でもある。天皇制の存続が政治的に必要であるならば、法的な論理を超えて認められることは不思議ではない。

　しかし、天皇制の存続が政治的に必要だったということを本当に理解できるようになったのは、政治家になってから暫く経ってからだった。四〇歳前後だっただろうか。自由主義も民主主義も定着していなかった昭和二〇年代のはじめ、わが国の秩序を作り安定を図るためには天皇制を残すことは有用性があったのだ。そのことを私は否定しない。天皇制はその内実を根本的に変更されたが、その存続は次のような結果を齎《もたら》したことを私たちは忘れてはならないであろう。

　政治の最大の課題は、国家の秩序を作ることである。「いかなる悪い政府も、無政府状態よりましである」という、イギリスのカムデン卿の有名な言葉がある。政治というものの本質を衝いている。このことは現在のイラク情勢をみれば頷けるのではないか。すなわち、政治というのは、ひとつの秩序を作る人間の営みなのである。しかし、その秩序を作るということが実はいちばん困難なのである。被統治者の同意がなければ、平穏な秩序を作ることはできない。

　国家としての秩序を作る責任は、主権者にある。明治憲法では、その責任は主権をもっていた天皇にあった。昭和憲法で主権者になった国民には、新しい憲法下における新しい秩序を作るという責任が生じたのであるが、天皇制が存置されたためにこのもっとも困難かつ重要な任務から解放されたのである。日本国民統合の象徴としての地位の昭和天皇は、〝国民を統合する〟という任務に専念した。昭和天皇の戦後の行幸には、戦争を阻止し得ず、多くの国民を戦死させ、国を荒廃させたことに対し責任を果たそうとする悲壮な決意さえ感じられる。昭和天皇のこうした活動は、主権者である国民の代表である政府がもっとも困難かつ重大な任務を果たしているように錯覚させることになった。

新憲法に基づく新しい秩序を作ることがおろそかになった。昭和憲法は、自由主義的憲法である。昭和憲法が理想とする秩序は、自由主義的な秩序である。自由主義的な秩序は、国民の自由闊達な活動を認めつつそれが自然調和的に秩序を形成するという信念と寛容と辛抱によってはじめて作られる。自由主義的思想が脆弱だったわが国で、このような自由主義的な秩序を作ることはそもそも非常に困難な課題であるのだが、天皇の存在と活動により〝日本国民統合〟という秩序が擬制された。そのために自由主義的な秩序を作るという命懸けの任務が国民や政府に迫られることはなかった。

自由主義政治思想は、〝絶対者〟を否定する。絶対者をもたない国や個人が自律することは、口でいうほど簡単ではない。しかし、近代自由主義国は、〝絶対者〟なしで自律かつ自立しているのだ。それは何らかの政治的価値観を見出してはじめて可能なことである。自律かつ自立している近代自由主義国家には、何らかの政治的価値観がある。わが国にそうしたものがあるように感じられないのは、新しい憲法を作ったにもかかわらず、主権者たる国民と政府が憲法に基づく新しい秩序を作るという困難な作業をしてこなかったことに起因している、と私は考えている。

天皇制は残ったが、その内実は明治憲法とはまったく異なるものであった。天皇の言動が憲法の規定との関係で問題になったことはなかった。天皇および天皇家は憲法を遵守してきた。天皇制は、秩序を作るという意味では大きな役割を果たした。それは憲法が認め、かつ期待している役割である。私が問題にしたいのは、その結果として古い秩序としての官僚制がそのまま残ったことである。明治憲法下では、官吏は天皇の官吏であった。天皇の権限と役割が根本的に変わったにもかかわらず、わが国の官僚は古い官僚制にそのまま安住し、その権力をそのまま温存し、これを行使してその役得を保守してきた。官僚制の弊害のルーツは、ここにあるのではないかと考える昨今である。

## 国民投票法の成立の意味

二〇〇七年五月一五日（火）No.４２６

東京はいま爽やかな五月晴れである。爽やかな秋晴れも好きだが、私は五月晴れの方が好きだ。秋の次は冬である。私が生まれ育った新潟県十日町市では、一一月になればもう霙《みぞれ》や雪が降った。とても寒かった。一二月になれば、積雪となっても仕方ない。それは本当に丈余の積雪となり、四月まで大地をみることはできないのだ。雪との過酷な闘いをしなければならなかった。

昨日、ついに憲法に関する国民投票法案が参議院本会議で可決された。いよいよ法律となるのである。現在の自公〝合体〟政権の議席を考えれば、これを阻止することはきわめて困難であったであろう。今回成立した国民投票法には、最低投票率・公務員の関与・報道規制・投票年齢など多くの問題がある。それを指摘して反対という声も多い。しかし、憲法改正案が国民投票にかけられるのは、衆議院と参議院のそれぞれで三分の二の賛成を得て憲法改正案が決められてはじめて行われるのだ。国民投票法のどこに問題があるかということも大切だが、変な憲法改正案の決定をどうしたら阻止することができるかの方がはるかに大切なのではないだろうか。

自民党の新憲法草案をみれば明らかに危険な憲法改正であることは言うまでもない。もしそのようなものが憲法改正案として衆参の三分の二の賛成を得て発議されることがあるとすれば、それが問題なのである。国民投票法に反対した勢力が阻止しなければならないのは、そのことである筈だ。そのような憲法改正案が発議されるような状況では、仮に今回いかに理想的な国民投票法を作ったとしても、その国民投票法そのものが改悪されるであろう。私たちが問題にしなければならないのは、おかしな憲法改正案が衆参で三分の二の賛成を得て発議されるのを阻止することである。

繰り返すが、自民党などが意図する憲法改正に反対の立場にある者がいましなければならないことは、彼らの憲法改正案が衆議院と参議院で三分の二の賛成を得て可決成立されることを阻止することである。そしてそれはそんなに難しいことなのであろうか。このような不安を多くの人が抱くのは、民主党の憲法改正に対する態度がいまひとつハッキリしないことにある。民主党でも憲法改正は必要だと考える議員がかなり多くいるなどというアンケートがある。そうすると憲法改正案が衆参で三分の二の多数を得ることは十分に考えられる。

いま問題なのは、憲法改正の一般的な是非ではないのだ。憲法に改正手続がある以上、現在の憲法をさらに良い憲法にするために改正することそれ自体を否定する者はいないであろう。そんなことが問われているのではないのだ。問われているのは、自公”合体“政権が行おうとしている憲法改正案に対して賛成なのか反対なのかということなのである。自公”合体“政権が行おうとしている憲法改正案に賛成の民主党議員がいるのであれば、そのことが問題なのである。民主党はそのことを早晩ハッキリとせざるを得なくなるだろう。またしなければならない。自公”合体“政権が行おうとしている憲法改正案に賛成だという議員を曖昧にしているようでは、民主党という政党はいったい何なのだという疑問を多くの国民が抱くようになるのは当然である。

安倍首相と自民党は、憲法改正の是非を今度の参議院選挙から国民に問うという。彼らが問おうとしている憲法改正は、一般的な憲法改正の是非ではないのだ。自民党新憲法草案に示されているような憲法改正なのである。それに賛成なのであれば、ハッキリと賛成といえばいい。

民主党を支持する多くの人は、きっとノーというであろう。公明党はなんだかんだといっても、結局は自民党憲法草案に賛成するのであろう。すべての政党や政治家が最後は憲法に対する態度を明らかにしなければならなくなる。そういうことを曖昧にできなくなったのが、今回の国民投票法が成立した政治的意味である。こういうことを考えていたので、私は憲法改正問題講座をいま著しているのである。ぜひご高配を賜りたい。

二〇〇七年五月二三日（水）No.434

## 『殺人犯を裁けますか？』

昨日、霞ヶ関ビルの三三階で、畏友・田中克人（たなか・かつんど）氏の出版記念会が開催された。田中氏が今回著した本の題名が『殺人犯を裁けますか？』（駒草出版社）である。副題は「裁判員制度の問題点」である。最近、田中氏と会ったとき話には聞いていたが、著書を手にするのは昨日が初めてであった。したがって、まだその著書は読んでいない。しかし、多くの読者も裁判員制度について、近時耳にすることが結構あるのではないか。田中氏の著書を熟読した上で、裁判員制度については別に述べることとする。

田中氏との交友は、もう三〇年以上になる。一九七六年の秋、私が最初の衆議院選挙に立候補するちょっと前に、田中氏と会った。彼は新自由クラブの関係者として同党から立候補する候補者を探していた。私の古い友人の紹介で、田中氏は新潟県上越市に私を訪ねてきた。それ以来の付き合いである。私は中央の派閥とは一切無縁の中で闘っていた。私のスタッフの中には、新自由クラブが公認してくれるというのならば、何もないより同党の公認をもらって立候補する方がいいのではないかという意見が多かった。しかし、私は結果として新自由クラブの公認や推薦を受けることなく、無所属で立候補した。田中氏も新自由クラブの公認を受けることを強くは勧めなかった。

私の第一回の挑戦は、ダメであった。しかし、その後も私は田中氏にすべてのことを相談しながら事を進めてきた。加藤紘一氏と会うことができたのも、田中氏の引きあわせであった。加藤氏と知遇を得たことは、私の当選の上で大きなものだった。当選後も私は何かにつけて田中氏に相談してきた。社団法人・国民政治研究会の事務局長や専務理事という職にあった田中氏であった。これは私についてだけではないであろう。多くの人々に私と同じようなことを氏は、実に多くの人々を知っていた。私に必要な多くの人々をその都度つないでくれたのが田中氏であった。これは私についてだけではないであろう。多くの人々に私と同じようなことをされていたのだと思う。こういう人を世間ではコーディネーターと呼ぶのだろう。田中氏は私にとって〝偉大なるコーディネーター〟だった。

コーディネーターと呼ばれる人には、ふつう我が強い人はいない。むしろ我がまったくないタイプが多いのではないだろうか。私も田中氏をそう思ってきた。無茶苦茶なことを平気で行おうという私に対して、田中氏が「それはやめておきなさい」ということは滅多になかった。ほとんどの人が反対する時でも、田中氏は私のやることを支持するだけでなく、いつも私を助けてくれた。その田中氏が昨年七月、『心の駅伝——安倍晋三君への手紙』（駒草出版社）という著書を出版した。これを読んで私は驚いた。私と同じようなことを私以上に過激に書いているのである。私は我が意を得たりという感慨を覚えた。その後、田中氏と何度も会ったが、「田中さんは私以上に過激なんですね。驚きました。何時からそうなったのですか？」と訊くと、「私はもともとそうなんですよ」とこともなげに答えるのである。

裁判員法は、国会で自民党から共産党まで賛成して成立した。日本弁護士会も賛成した。二〇〇九年五月から施行されることになっている。それに対して、田中氏はその施行を停止せよと敢然と反対を表明しているのである。温厚な田中氏がそういっているのであるから、相当に問題があるのだろう。確かに裁判員制度を早急に行えなどという主張は聞いたことがない。できるだけ早く『殺人犯を裁けますか？』を読むつもりである。司法に関することであるから、本来ならばこれは私が問題を提起すべきテーマであるのだが、私は裁判員制度にまったく関心すらなかった。田中氏に触発されて遅ればせながら、勉強することにする。心ある方に、田中氏の両著の購読をお願いする次第である。

※　本書附章の「白川勝彦にみる『代議士の誕生』」は、田中克人氏の著作である。

## 不明な支払い記録!?

二〇〇七年五月二四日（木）No.435

数日前から五〇〇〇万件もの誰のものか判別できない年金保険料の支払記録があることが問題になっている。社会保険庁という役所は、よくもまあいろいろと問題を起こしてくれるところだ。しかし、今回の問題は、これまでとはちょっと質が違っているように思う。まさに各人が実際に受け取る年金にも直結する年金の根幹にかかわる問題だからである。

国民年金や厚生年金はもともと別の制度で、国が制度ごとに年金番号を管理していた。転職や結婚で加入先の年金が変わり、複数の番号を持つ人がいる。だが、九七年に一人に一つの基礎年金番号を導入する際、国は複数の年金制度に入ったことがある人に氏名や住所など必要事項を記入したはがきの返送を求め、そのはがきに基づいて基礎年金番号への一本化（統合）を進めた。返送がなかった分はそのまま「宙に浮いた年金記録」となった。社保庁はその後も一本化作業を進めてきたが、昨年六月段階でも一本化されていない記録は五〇九五万一一〇三件ある。転職や結婚で「宙に浮いた年金記録」となっているという心当たりがある人は、基礎年金番号をもとに社保庁に調査を依頼できる。以前の勤め先の名称などを手がかりに年金記録が整う場合がある。

(asahi.com 二〇〇七年五月二三日記事より)

基礎年金制度になってからもう一〇年が経過した。それなのに五〇〇〇万件以上も未統合の記録があるというのは、一体どうしてなのだろうか。一九九八年一月二三日私のところにも年金手帳が送られてきた。そこには基礎年金番号と「国民年金の記録」と「厚生年金保険の記録」の一覧表がある。これをみれば、どの期間どの年金に加入していたか一目瞭然と判る。現在ではほとんどの人がどれか年金に加入することが義務付けられているのだから、統合していないと、どの期間が未加入であるかは簡単に判るのである。

年金は基本的には請求主義である。そうだからといって、記録上明らかに未加入の期間があることになっている人に対して、本当に未加入なのか(年金保険料を支払っていないということ)、それとも未申告なのかを調査して記録を整えておくことは、社会保険庁が日常業務としてやっていてもバチはあたらない仕事である。社会保険庁から「あなたには、基礎年金の台帳の上では未加入の期間がありますよ」という通知があれば、ほとんどの人が社会保険事務所や市区町村役場に行くのではないか。だいいち、そのようにキチンとしておかなければ、何年度にはいくらの年金を支払わなければならないのか予測も立たないではないか。生真面目な私(?)としてはそう思うのだが、どうなのだろうか。

いずれにしても五〇〇〇万件の「宙に浮いている支払記録」の実態を早急に調査して公表する必要がある。実態を正確に把握せずに私も無責任なことをいうつもりはないが、問題になっているのは「年金保険料の支払記録」である。社会保険庁が受け取った年金保険料の記録である。お金を受け取ったら、それに応じた年金を支払わなければならないのは国の義務なのである。お金を受け取っておいて商品を届けなければ、世間では大騒ぎになる。下手をすれば詐欺に問われることもある。年金の支払は、受け取った年金保険料に対する対価である。受取と支払の間に何十年という間隔はあるが、普通の取引と基本的には同じである。国民は国なのだから支払った保険料をちょろまかしはしないだろうと信じている。だから保険料の領収書などを保存していないであろう。

今回の場合、ちょろまかしはないようだ。だから迷子になっている支払記録が誰のものか早急に特定することだ。いくらコンピュータを駆使しても名寄せできないものもあるであろう。その場合は、基礎年金の台帳で未加入期間がある人に通知をして社会保険事務所に来てもらう必要もあろう。年金に関することであるから、国民も協力すると思う。「現行の会計法では、年金は五年間受け取らなければ時効により権利が消滅する。例えば、すでに年金をもらっている人に〝宙に浮いた年金記録〟があり、その分の保険料を納めた領収書を見つけた場合でも、現在の受給額との差額を受け取れるのは申し出た時点からさかのぼって五年分だけ。それより前の分は時効が成立し、もらえない」(asahi.com)という。まあ、こういうミミッちいことはしないことである。「国家の品格」が疑われる。

二〇〇七年五月三一日（木）№442

## 安倍首相の命取り発言!?

昨日までの三日間、永田町徒然草に『月刊日本』六月号に掲載された「自公"合体"政権批判[※]」を紹介した関係で、本文の方ははっきりいって手抜きであったことを告白しなければならない。しかし、この三日間にひょっとすると安倍内閣の命取りになる重要な出来事があった。今日は三日ぶりに本格的に書き下ろしたものである。

去る五月二六・二七日（土・日）に、いくつかの新聞社が世論調査をやった。その世論調査でいずれも安倍内閣の支持率が急落した。マスコミ各社の世論調査で、おおむね支持が不支持を上回るところまで安倍内閣の支持率は回復していた。しかし、再び不支持が支持を上回るようになってしまったのである。これは、なんといっても五〇〇〇万件もの「消えた年金記録」問題が原因であろう。国民投票法の強行成立、在日米軍再編促進法、集団的自衛権に関する有識者懇談会の発足などでは、あまり支持率が落ちなかった。だが〝お金〟のこととなると、このように一挙に一〇％前後も支持率が急落するのである。私としては、この辺のところも国民からちょっと考えてもらいたいところではある。

支持率が急落したところに、松岡農林水産大臣の自殺である。昨日までの三日間、報道はこの話題をこれでもかこれでもかと報じた。これでは急落した支持率はもっと下がるだろうという見方が多い。自民党内には、危機感や焦燥感が出ているという。私も松岡氏の自殺がプラス要因になるとは思わないが、野党が考えるほど単純ではないとも思っている。内閣支持率というのは風のようなものである。しばらく順風が吹いていたと思って安心していると、思わぬことが原因で急に強い逆風が吹くのである。内閣支持率というのは、本来そんなものなのである。野党は逆風は利用しなければならないが、逆風まかせでは私がよく使う〝吹く風まかせのグライダー〟政党だ。野党は逆風を期待しているのではなく、それを吹かせる努力をいつもしていなければならないのだ。

安倍首相は松岡氏の自殺に関して致命的な発言をしてしまった。松岡氏が自殺をした二八日夕刻の次のような発言である。

「ご本人の名誉のために申し上げておくが、『緑資源機構』に関して捜査当局が松岡農水相や関係者の取り調べを行っていたという事実もないし、これから取り調べを行う予定もないという発言があったと聞いている」

おかしなことを前後の脈絡もなく場違いのところでいうなぁ、と私も思った。しかし、次に引用するように総理大臣の指揮権発動であるというところまで思いは至らなかった。さすがは立花隆氏である。立花氏はやはり第一級のジャーナリストである。

なぜこの発言がとんでもないのかといえば、これが、総理大臣による事実上の指揮権発動に近い発言と感じられるからだ。なぜこれが事実上の指揮権発動になるのかといえば、この発言が明らかにしていることは、官邸（安倍首相本人かその意を体した周辺の人物）が、（緑資源機構問題に関し）捜査当局に対して、誰と誰を取り調べたのかを問い合わせ、これから誰を取り調べるつもりであるのかを問い合わせたということである。

## 政治世界では絶対の禁句

問い合わせにあたって、「誰と誰を取り調べろ（あるいは取り調べるな）」という発言があれば、それは指揮権発動そのものになるが、そこまで露骨なことをいわなくても、現に捜査が進行中の個別案件について、官邸（筋）からこのような問い合わせがあれば、それは現場では事実上の指揮権発動と受け取られてしまうということである。だから、これまでどのような政権担当者も、このような露骨なものいいをした人は一人もいない。指揮権発動のにおいが少しでもするような発言は、日本の政治世界では絶対の禁句なのである。

安倍首相はあるいは、事実問題としては、このような露骨な問い合わせをしなかったのかもしれない。そして、このようなコメントを記者団に発表するだけで、同じような効果が発揮できると考えて、こういうものいいをしたのかもしれない。新聞報道によると、検察当局者の側からも、この安倍発言にそった内容の発言があったと伝えられている。問題はその前後関係である。検察発言が安倍発言を受けてのものなのか、安倍発言が検察発言を受けてのものなのか、あるいは両者全く無関係なのかである。

### 不自然な検察関係者のコメント

念のためにいっておけば、一般に、このようなこと（事件の容疑者の自殺など）が起きた場合、検察関係者が、

「実は○○さんには××の疑いがあったので周辺の取り調べを開始しておりました」

とか、

「近く調べる予定でした」

などとコメントすることは、たとえそれが事実であっても絶対にない。

だから、このような検察発言（捜査予定なしの発言）があったとしても、それは安倍発言の妥当性をいささかでも保証するものではない。安倍発言はそれ自体が（現に進行中の事件の特定被疑者についての見通しを総理大臣が語るということそれ自体が）不穏当なのだ。事実関係がいずれであるにしろ、このような発言をするということそれ自体において、この人は総理大臣という職務の持つ重さを十分に理解していない人というべきだろう。

少し長い引用となったが、nikkei BP net に連載されている立花隆の「メディア ソシオ-ポリティクス」第一〇九回「松岡氏の遺書に隠された秘密」消えた「政治とカネ」の真相（二〇〇七年五月二九日掲載）の「安倍首相の問題発言」項以下で立花氏が述べていることである。鋭い評論とは、こういうものをいうのである。昨日安倍首相と小沢民主党党首の党首討論があったようだ（残念ながら私はこれをテレビで観ることはできなかった）が、ニュースをみる限り小沢氏はこの問題を追及していないようである。それはまあいい。民主党をはじめとする野党は、今後あらゆる場でこの問題を追及すべきである。

政権を攻める場合は、政権の中枢すなわち首相そのものをターゲットにしなければ政権を倒すことなどそう簡単にはできない。七五％の支持率を誇った細川非自民連立内閣を倒すには、細川首相の一億円疑惑を追及するしかないと思い、私はその先頭に立った。四ヶ月間その追及をすることは私にとっても辛いことであったが、追及を受けた細川首相はもっと辛かったのだろう。私が細川首相の一億円疑惑の口火を切ったのは、一九九三年一二月一日の衆議院予算委員会であった。細川首相が辞任を表明したのが、翌年の四月八日である。この間私は細川氏に関することを調査するためにありとあらゆる人々と会った。そういう地道な努力をしていると、思わぬところから貴重な情報が集まってくるのである。

民主党の人材不足は、いまさらここで私がいう必要はあるまい。残念ながらこれはいまや国民の共通した認識である。しかし、わが国に優秀な人士がいない訳ではない。民主党は、そういう党外の人々の智慧や経験を借りなければならないのである。率直にいわせてもらうが、民主党をはじめとする野党にはそういう謙虚さがないような気がする。自民党が野党になったとき、私たちは党外の多くの人士に頭を垂れて会った。そういう姿勢や努力をみて、いろいろな人が自民党に改めて力を貸してくれたのである。民主党は参議院で自公与党を過半数割れさせるといっている。これは口でいうほど簡単なことではない。風だけを頼りにしていると東京都知事選と同じになる可能性が高い。今後の民主党の努力を注視しなければならない。

それにしても自民党はつくづく馬鹿な政党になってしまったものである。昨日また〝消えた年金〟救済法案を強行採決した。今日河野衆議院議長の斡旋で、厚生労働委員会で採決の確認をした上で、本会議にかけるという。委員会で強行採決がなされた場合、採決があったことを確認するということが話題になることはあったが、これはあまり前例がないような気がする。だから自民党としては採決の確認を呑んだのだから大幅に譲歩したと考えているのだろう。だが、そんなことは国会内のどうでもいい駆け引きにすぎない。ただでさえ怒っている国民は、自民党は何を考えているのだろうかと思うだけである。こういうことを〝火に油を注ぐ〟というのだ。こんな簡単なことが分からなくなっているのだから、〝馬鹿な政党〟といったのだ。まあ、どうでもいいけどね。自業自得なのだから。

※「自公”合体“政権批判」は、『自公連立解体論』に収録。

# 『朝日新聞』の連続世論調査

二〇〇七年六月五日（火）No.448

『朝日新聞』が連続世論調査を始めた。第一回は二〇〇七年五月一二・一三日（土・日）で、参議院選挙が終るまで毎週土日に行うとのこと。長い間選挙関係の仕事に携わってきたが、毎週連続して世論調査をやった新聞社などはなかったように記憶している。これはありがたい。同紙は東京都知事選でも三回くらい連続して世論調査をした。その調査に基づいていちばん的確な報道をしていた。皆さまのNHKもこういうことをやるべきだと私は思う。

去る六月二・三日に行った第四回連続世論調査で、安倍内閣の支持率が発足以来最低の三〇％となった。不支持率は四九％であった。第一回から第四回までの支持率の変化は、43↓44↓36↓30％であった。不支持率の変化は、33↓38↓42↓49％であった。この二週間で一四％もの支持率の下落である。安倍首相の焦る気持ちは、よく分かるであろう。そこで今週安倍首相および自民党は、どんなパフォーマンス（行動などの意）をするのか。それによって第五回の結果が出てくる。第五回でさらに連続して支持率が下落するようでは、参議院選挙の帰趨はだいたい予測できる。

私がいつも言及する日曜定番の政治番組も、これが放映される日曜日が調査日であるから多少は影響するであろう。この日、私は『報道２００１』（フジテレビ）と『日曜討論』（ＮＨＫ総合）を観た。正直にいってこの二つの番組における自民党のパフォーマンスはよくなかった。ハッキリいって最悪だった。『報道２００１』の片山さつき衆議院議員のパフォーマンスは、醜悪でさえあった。選挙が間近に迫っているのだから、こういう番組にどのような人を出演させるかということは、党として重要事項であろう。そういう配慮がないのか、それともこういう番組に出て党のプラスになることをいえる人材が枯渇しているのか。後者だとしたら、自民党はもうダメである。

こういう局面における野党のパフォーマンスもまた重要である。民主政治とは、相対的なものである。言葉と数値で政策を競い合い、目標に辿りつく道を検証し合うのが民主政治である。問題を提起したのは、私はよく知らないのだが民主党の努力だったという。地道なこの作業をしてきた議員の功績は大きい。これを本当の争点にできるかどうかは、小沢代表をはじめとする党幹部の力量の問題である。今日の『朝日新聞』に昨日の記事の詳細が載っている。

「民主、無党派吸収進まず　◆連続調査では自民支持が33→34→29→28％とじわじわ下がる一方、民主支持は14→14→18→17％とやや上昇した。とはいえ隔たりはいぜん、大きい。最大勢力は無党派層で45→44→47→50％と半数に達した」とその記事は伝えている。東京都知事選では、頼みの無党派層が浅野陣営に流れなかったために浅野陣営というか野党陣営は敗北した。敵＝ターゲットがヨレヨレになっているからといっても、これを攻撃する者＝野党がモタモタしているようでは、無党派層は必ずしも野党を支持しないのである。あくまで野党のパフォーマンス次第なのである。だから無党派層と呼ばれるのである。ここのところを肝に銘じて、野党は頑張らなければならない。

二〇〇七年六月一六日（土）No.459

# 参議院選の展望

梅雨の季節の晴れた日は、もう夏である。一昨日、梅雨入り宣言がなされた東京ではあったが、昨日はよく晴れた日であった。今日も関東地方は天気に恵まれるようである。最近「健康生活」をかなり疎かにしているため若干リバウンド気味なので、久々に散歩に出かけた。二時間半、一万四〇〇〇歩の散歩をした。一昨日の雨のためであろう、夏日だったとはいえ真夏ほど暑苦しくなく心地よい気候であった。夜、郵便小包を近くの郵便局まで取りに行った。これで二〇〇〇歩、万歩計は一万六四六〇となった。夜の散歩の方は、涼しいくらいであった。真夏だったら、こうはならない。このように梅雨という季節は、まだら模様なのである。

現在の政局もまだら模様、と考えたほうがよいと私は思っている。土砂降りで、自民党や公明党が万事休すというところまでいっていない。連日また〝消えた年金〟〝宙に浮いた年金記録〟が報道されている。内閣支持率は下落し野党は元気付いているが、油断は禁物である。国民は政府や自民党のダメさ加減は分かってきたが、年金問題だけで野党が勝てるかといえばそう単純にはいかないと私は考える。自民党が過去もっとも手痛い敗北を喫したのは、一九八九年の参議院選挙であった。この時の争点は、消費税・リクルート・宇野首相のスキャンダルの三点セットであった。自民党は三六議席しかとれなかった。このときの投票率は、六五・〇%であった。

今回の最大の争点が、年金問題になることはいうまでもない。しかし、消費税と年金問題には質的な差違がある。一九八九年の参議院選挙で争点となった消費税は、この年の四月一日から実施された。現実に三%の消費税を取られるようになってまだ三ヶ月しか経っていなかったのだ。多くの国民は、買い物や飲食代の支払いをする度に三%の消費税を日々痛感したのである。消費税法案に賛成した私ですら、そのようなときに違和感があった。どんなに立派な理屈があっても、税金を納めるのは気持ちが良いという人は、滅多にいないものである。

今回の年金記録の問題は、現実に自分がまだ損をしたという話ではないのである。その可能性があるかもしれないという問題にすぎないのだ。それにこれだけ騒がれたのだから、政府も自分の年金についていい加減なことはできないだろうと、国民はもう思いはじめているのではないか。だから社会保険事務所の相談窓口も電話相談も混雑しているくらいで済んでいるのである。五〇〇〇万件（これに一四三〇万件を加えてもよい）の宙に浮いた年金記録の中に自分の記録もあり、これを放置したら自分が受け取る権利のある年金が確保されなくなると思っているとしたら、混雑程度では済まない筈である。〝暴動〟や〝焼き討ち〟が起こってもおかしくない。私もこんな混雑したときに行ってもしょうがないと思い、まだ社会保険事務所へ確認に行っていない。急ごしらえのテレホンセンターに電話もしていない。

『週刊朝日』二〇〇七年六月二二日号に「大逆風のなか、自民党議席の大幅減は避けられない!?」という特集が組まれている。「最新分析　参議院選全選挙区当落予測」である。こういう物が出てくると、選挙ムードはいやでも高まる。その中で福岡政行白鴎大学教授は、〝「消えた年金」＋「松岡自殺」に「強行採決」への批判が加わったトリプルパンチを受け、安倍首相の「未熟さ」が一気に露呈した、と受け止められています〟と述べている。福岡教授は、消えた年金・松岡自殺・強行採決を三点セットといいたいのか、それとも消えた年金・松岡自殺・安倍首相の未熟さを三点セットといいたいのか判らない。いずれにしても選挙関係者の間で、確定した〝三点セット〟というものはまだ定まっていない。

三種の神器ではないが、政府・与党を追い詰めるために三点セットは必要なのだ。一点だけを突いても、政権というものはそう簡単には倒せないものである。あまり争点が多すぎたりバラバラだったりすると、爆発力が出てこない。そういう状態では、良くても一九九八年の参議院選挙くらいの結果しか出せないであろう。この選挙における自民党の獲得議席は、四四議席（新潟県選挙区の田中直紀氏を追加公認したので実際は四五議席）であった。このときの投票率は五八・八％。ちなみに、福岡教授が今回の選挙の予測としている数値は、自民党四六（プラス7マイナス1）議席・公明党一二（プラスマイナス1）議席である。私の当てずっぽうの数字も満更ではないようである。当時公明党は野党であったが、この選挙をキッカケとして自民党は公明党との連立へと向かった。

福岡教授は、二九の一人区で自民党（そのほとんどの候補を公明党が推薦している）と野党候補は互角と予測している。それも最近の世論調査を踏まえての趨勢である。一人区で互角では、政府・与党を追い詰める訳にはいかない。一九八九年の選挙では、二六あった一人区で自民党は三議席しかとれなかった。三勝二三敗だったのだ。ちなみに自民党が勝った一人区は、富山県・和歌山県・佐賀県選挙区だけだった。こういうのを雪崩現象というのだ。当時私は当選四回の衆議院議員であったので多くのところに応援に行かされた。選挙戦という雰囲気はもうなかった。どこに行っても、義理で人が集まっているだけの通夜のような雰囲気であった。宇野宗佑首相の応援を頼む候補者は、ほとんどいなかった。

昨日あたりから、会期延長の話が出てきた。その最大の狙いは、公務員制度改革法であろう。例の〝人材バンク〟設立法案を成立させたいのであろう。今回の年金問題を社会保険庁の職員の仕事ぶりのせいにしようとしている安倍首相にとって、人材バンク法案を成立させることは至上命題なのである。これを成立させることにより、安倍首相の三種の神器はそろうのだ。すなわち、年金時効特例法・社会保険庁解体―年金機構設立・天下り禁止―人材バンク設立という三種の神器だ。おめでたい首相であっても三種の神器を手にすれば、それなりの演説はできるだろう。それなりの人は集まるだろう。野党も〝三点セット〟を速やかに整え、これに対抗しなければならない。内閣支持率などというのは、梅雨空の天気のように移ろいやすいものである。油断をしてはならない。

# 今日は私の誕生日

二〇〇七年六月二二日（金）No.465

今日で私は満六二歳となった。人間六〇を過ぎると、毎年の誕生日にある種の感慨がある。ひとつは、よくぞここまで生きてこれたという想いである。もうひとつは、あと何回誕生日を迎えることができるのだろうかという不安が入り交じった想いである。そんなに数少ないとは思わないが、ずーっと先のことだとも考えられない。いずれにしても数えられるくらいの年月であることだけは、覚悟しておかなければならない。

肉体的には、私はまだそんなに歳を感じていない。昨年、「健康生活」をやったことにより、私の体質は大きく変わった。非常に健康となった。若いときに比べ、歳のためにできなくなったということはあまりないからだ。褒められることではないが、数日前に述べたように徹マンをやっても特にどうってことはない（笑）。私はもともと老けてみられていた。だから風貌は、昔も今もあまり変わらないと友人はいう。歯目何とかといわれるが、歯はまだ全部私のものだ。入れ歯はまだない。目の方は、例の〝飛蚊症〟の薄い斑点はあるが、あの女医さんがいった通り最近ではほとんど苦になることはない。元々が近視だったためか、老眼の方も全然現れていない。

しかし、六二歳というのは若い歳ではない。六二年間生きてきた者は、それなりの年輪を感じさせるような生き方をしていかなければならないと考えるようになった。私の生きてきた時代とは一体どんな時代だったのだろうか、ときどき考える。人間は、与えられた時代環境と無縁には生きられない。時代環境が、人間や人格を形成していく。私が生まれたのは、一九四五年六月二二日である。太平洋戦争のひとつの節目が沖縄戦の降伏だとされる。沖縄戦で日本軍がアメリカに敗れたのが、一九四五年六月二三日である。私はその前日に生まれたのである。日本国民は、きっと沖縄戦を注視していたのだろう。だから「勝彦」と名付けられたのだ。

私が生まれてから二ヶ月も経たない八月一五日、わが国はポツダム宣言を受諾して無条件降伏した。その日を境に新しい日本の歴史がはじまった。だから私が育ってきた時代は、「戦後」である。歴史を多少勉強するようになった頃から、私は自分を〝戦後第一期生〟と自覚するようになった。私は「戦後」と呼ばれる時代の中で生きてきた。物心ついたころには、まだ戦争が何であったかを教えてくれる傷跡がいたるところにあった。私は戦争の悲惨さを感じながら、貧しいが平和の時代を生きてきた。戦後は、また新しい時代でもあった。「戦後」を新しい時代にしたのは、いうまでもなく日本国憲法である。

日本国憲法の価値観が支配する時代が「戦後」、明治憲法の価値観が支配した時代が「戦前」だった。このふたつの価値観が実生活の中で激しく葛藤するさまをみながら私は育った。新しい価値観の方が私にとって良かった。古い価値観を理解できない訳ではなかったが、新しい価値観の方が私にとっては魅力的だった。司法試験受験のために憲法を勉強することになり、それを通じて私は自由主義というものを学んだ。そして私は自由主義者としての信念をもつようになった。私にとって日本国憲法は、憲法以上の哲学なのである。

三〇歳のときから、私は職業としての政治家を目指すようになった。それは自由主義政治家として自己を確立していく過程でもあった。三四歳で衆議院議員となり、どのようなことをすることが自由主義政治家の使命なのかを学ぶ貴重な体験をすることができた。身近で大平正芳総理大臣の生き方をみることができたのは、私にとって人生の至福であった。大平総理は私の政治の恩師である。大平総理と一緒に国会にいたのはわずか半年だったが、大平総理の秘蔵っ子といわれた加藤紘一衆議院議員を先輩とすることができた。私は加藤氏とともに自由主義政治とは何かを真剣に学ぶ多くの機会をもつことができた。

私は多くの先輩の庇護を受けて、自由主義政治家としての道を歩むことができた。私は自分の信ずることをやりながら生きてこれた。五一歳の時に大臣にもなれた。幸せといえば、これほど恵まれた人生はなかったのかもしれない。私の親しい人々は、自民党と公明党の連立なんぞにこだわらなければいまでも幸せな政治生活を送れたのにという。そうかもしれない。しかし、私は己の信ずる道を歩みながら政治生活をやってこれた。そのためであろうか、自分の信ずることを放擲して政治の道を歩んだとしても、私はきっと満足することはできないと思っている。

私が危惧したとおり、公明党と連立を組んだ自民党は完全におかしくなってきている。完全な自由のない政党は、自由主義政党といえないのである。自由主義者にとって、創価学会や公明党と懇《ねんご》ろとなることなど所詮できることではないのである。政治家とは、政治信念や政治哲学を売りにする職業である。立法府の議員としてのバッチを付けなければ政治家と呼べない、などと私は考えていない。自分の与えられたところで、精一杯の政治活動を行うのが政治家だと思っている。私がおかしいのではなく、世の中がおかしいのだと私は思っている。世の中もそのことにきっと気付くときがくると私は信じている。

ひとりの自由主義政治家として、おかしな政治に警鐘を鳴らすことはその使命である。最近は、警鐘を乱打しなければならないようである。しかし、私は国民を信頼している。ひとたび自由を手にした国民が、唯々諾々とその自由を手放すことはないと信じている。だが権力というものは、強いものである。わが国の国民には権力と戦うよりもこれを上手く利用する方が得だという風潮がある。それは、わが国の自由主義政治家が権力を掌握したことが非常に少なかったからである。わが国の自由主義政治家は、もっと逞しくなければならない。前衛的指導者がいなければ、いくら自由を求める国民がいても自由主義政権は生まれない。私はこのWebサイトを通じてそのことを呼びかけている。今日ホームページのアクセスカウンターが一三七万を越える。これもなにかの啓示であろう。ご愛読に感謝する。六三歳の誕生日にもこのことを続けていいたいと願っている。

二〇〇七年七月一〇日（火）No.４８３

# 安倍内閣不信任選挙！

赤城農水大臣の事務所費問題がクローズアップされてきた。この問題をめぐる政府・与党の対応をみていると、彼らは〝バカ〟なのではないかという気がする。年金問題をめぐっても同じような気がする。彼らに政府・与党としてのガバナビリティがあるのかという疑問が沸いてくる。国政選挙でいちばん問われるのは、実はこのガバナビリティなのである。個々のイッシュー（問題）ではないのである。個々のイッシュー、例えば消費税の導入が争点の時の方が事態は深刻ではないのである。

まず赤城大臣の事務所費問題の方から述べよう。赤城大臣が任命されたのは、松岡前大臣が自殺したからである。松岡大臣の自殺の原因として、事務所費問題があったと多くの国民は思っている。そうであるならば、他の点はどうでもいいとはいわないが、その後任に同じような問題があっては絶対にならない。これは単純な常識である。こんな単純なことが分からなくて、政権を預かる資格があるといえるのかといいたい。

しかし、迂闊にも事務所費問題が発覚してしまった。次に問われるのが、その処理方法である。誰が入知恵をしたのかわからないが、松岡大臣のときと同じ手法で乗り切ろうとしている。そこのところが私には理解できない。なぜ「法律に則って、適正に処理している。違法なことはしていない」というういい方をするのだろうか？　政治資金規正法の趣旨をまったく理解していないとしかいいようがない。だから、このようなトンチンカンな対応をしてしまうのである。普通の人は事務所費というと狭義の意味での事務所経費と考えるであろう。松岡大臣の光熱水費は、ナントカ還元水を持ち出してもそもそも釈明が無理だったのである。事務所費はそれとは違うのである。

これ以上いうと彼らに助け舟を出すことになるのであえて控える。以上述べたふたつの点は、安倍首相に危機管理能力がないことを露呈してしまったのである。危機管理能力がないということは、政権担当能力がないということなのである。北朝鮮の危機やテロの危険性を煽るのが安倍内閣の特徴だ。しかし、赤城大臣の事務所費問題ひとつを処理できない安倍首相に、本当の危機管理能力がある筈がない。数日前、一〇万円支払わなければならなかったのだが、一〇万円以上は銀行振り込みできなかったので、九万九〇〇〇円だけ振り込んで一〇〇〇円まけてもらった。テロ対策の規制のためである。

年金問題の処理も危機管理能力がないことを露呈している。五〇〇〇万件もの宙に浮いた年金記録の帰属先を一年以内に確定することなどできる筈がない。安倍首相はこれを来年三月までに前倒しでやるといい出した。あと八ヶ月しかないのである。そもそも五〇〇〇万件の年金記録は、これまで基礎年金番号を保有している誰かに帰属させようとしてもできなかった記録(データ)なのであろう。加入期間が満たされないために年金の支給に結びつかない記録もあるだろうし、保険料を支払った人が既に死亡しており年金の支払いに直接関係しない記録(遺族年金の支払い義務がある場合はこれに含まれない)も多くあるだろう。

こういうデータを事務的にどう処理するかというガイドラインをキチンと決めておかなかったから、事務的に処理できないデータが五〇〇〇万件も残ってしまったのだ。これは事務方の責任ではない。このようなデータをどう処理するかということを決めなかったトップの責任である。トップとは政治家である。だから五〇〇〇万件の宙に浮いた年金記録の責任は政治家にあるのであって、社会保険庁の職員の責任ではない。ましてや職員組合の責任などというのは、お門違いもいいところだ。

では、どうしたら良いのか。こちらの方は、もう全部いってもいいだろう。基礎年金番号をもっているすべて人に、現在社会保険庁がもっている年金記録を送付することなのである。特に年金の納付に欠落がある人についてはそのことを明示して送ることなのである。年金保険料の納付に欠落がある人がそんなことはないといってきたら、その人と一緒になって五〇〇〇万件の中からその人のデータを探せばいいのである。多分大多数の人々の場合、年金保険料の納付に欠落はないであろう。

そうすれば、その人たちの年金不安は解消するのだから、選挙にとってもプラスとなったであろう。こんな単純なことがなぜ分からないのだろうか。五〇〇〇万件の宙に浮いた年金記録が発覚してからも、安倍首相や柳沢厚生労働大臣や党幹部が自分の頭で考えないからこうなるのである。五〇〇〇万件もの宙に浮いた年金記録があるといわれたら、多くの人々が自分の年金記録がその中にあるかもしれないと思うのは当然である。それは、事務的な問題でなく政治的な問題なのである。政治的な問題は、政治的に解決するしかない。そのような発想ができるのが、真の政治家なのである。

民主制とは、被統治者の同意のある統治ということである。この原則に立って考えることが大切なのである。しかも年金記録は、個人の財産権にも関係する問題である。だから、国民の協力も期待できるのである。だとしたら、まず社会保険庁がもっている一人ひとりの年金記録を各人に示すことが大切なのである。それで間違いないことを確認した人は、納得する。安心する。それが「被統治者の同意」ということなのである。もちろん年金記録を送ったために、こんなことはないという人も出てくるであろう。そのことは覚悟しなければならない。しかし、五〇〇〇万件もの宙に浮いた年金記録があることが判明した時点で、そんなお叱りやクレームは覚悟しておかなければならないのだ。

基礎年金番号をもったすべての人に年金記録を送付するということに積極的でなかったのは、社会保険庁の役人であろう。年金記録に不備のある方々から、お叱りやクレームを突きつけられるからである。そういうことを嫌うのは、役人の通弊である。しかし、いずれそのことは覚悟しなければならないのである。五〇〇〇万件の中からその人の年金記録をピックアップするためには、保険料納付に欠落があると主張する人々の協力を得ることは絶対に不可欠であろう。五〇〇〇万件の宙に浮いた年金記録は、すでにデジタル化されているのである。コンピュータ上のデジタル情報だけでは、突合できなかったのであるからデジタル情報以外の情報を加味して検索するしかないのである。それでも探しだすことができなかった時、どうするか。それを決めるのも、また政治家の仕事である。

右翼反動は、秩序維持や危機管理は権力がやるものと考える。官僚も同じように考える。しかし、権力の力だけで秩序維持や危機管理ができる訳がない。権力の力だけでそれをやろうとすると莫大な費用がかかる。原点に立って考えれば、秩序維持も危機管理も国民のために行うものである。そうだとしたら、秩序維持や危機管理に国民の協力を得ることは十分に期待できるのである。そのためには、権力に対する国民の信頼がなければならない。私は国家公安委員長のとき、機会ある毎に「国民から信頼される警察たれ」と訓示した。国民から信頼される警察でなければ、強い警察になることは不可能なのだ。

以上を要するとどういうことになるか。安倍首相には、統治能力も危機管理能力もないということなのである。社民党の福島瑞穂党首が訥々と主張しているが、今度の参議院選挙は「安倍内閣不信任選挙」というのがいちばんピッタリとしているように思われる。まあ、ネーミングの方はいいとして、安倍内閣に統治能力や危機管理能力がないことは、どんどん指摘していかなければならない。そういう雰囲気が強まる中で、刻一刻と参議院選挙の公示が近づいてくる。

## 今回の参議院選挙の目標値

二〇〇七年七月一一日（水）No.484

私は『朝日新聞』の連続世論調査で世論の動向を探っている。各報道機関も世論調査の結果を発表している。当然のことであるが、『朝日新聞』の調査と同じような傾向である。私は永田町徒然草No.480で「ほとんどの選挙予測は公明党が獲得する議席を所与のものとしている。果たしてそうだろうか。投票率が一〇％も上がれば、公明党の議席は比例区でも選挙区でも確実に減少する。今回の選挙のひとつの注目点は、公明党が何議席とれるかだと私は思っている」と書いた。

各報道機関の選挙予測は、公明党の予想獲得議席を一二プラス一としている。ほとんど前回と変わらないとみている。そんなに公明党という城は、難攻不落なのだろうか。私はそうと考えていない。昔の戦に例えるならば、公明党という城は水攻めに弱い。水位を上げるのだ。すなわち、投票率を上げればよいのである。安倍首相が国会の会期を延長して投票日を一週間延ばした。ひょっとすると、これには公明党の入れ知恵があったのかもしれない。確かに夏休みに入って最初の日曜日となると、投票率は数%くらい下がるかもしれない。しかし、それは国民の考え方ひとつである。

ちなみにこの五月に行われたフランス大統領選の投票率は、投票が二回行われたにもかかわらず、いずれも八〇数%だった。日本人にとってフランスという国はセレブな国である。セレブな国というのは投票率が高いものであるということを、女性が多く見るワイドショー番組などで報道するようにうまく仕掛けられないものか。それとも、わが国の場合はやはり〝〇〇一揆〟という方が現実的なのかなぁー（笑）。各報道機関の世論調査では、「必ず投票に行く」と答える人がこれまでの参議院選挙の数値よりかなり高いといっている。あと一歩だ。

私などは、要するに自公〝合体〟政権を倒そうという動きが起こりさえすればよいのだと考えている。幕末、誰が組織したのかよく分からないところがあるのだが、〝ええじゃないか〟という運動が全国的に起こったという。そのようなものでよいと思う。わが国の国民は、現権力を倒せると思ったとき爆発的なエネルギーを発揮するとある評論家がいっていた。自公”合体“政権は、腐臭が満ち満ちている。その政権を倒せる絶好の機会がいまだということを野党が示せば、爆発的なエネルギーが出てくるのである。

公明党の獲得議席を二〜三くらい減らして一〇議席前後、自民党の獲得議席を四〇議席前後にしてしまえば、与党は参議院の過半数に一〇数議席及ばなくなる。このくらいにしておかないと、与党は現在野党としてカウントされている議員を引き抜いて帳尻を合わせてしまう危険性がある。そういうことを狙ってウズウズしている輩が実際に現れはじめている。もう二人は確実にいる。

しかし、自民党と公明党を合わせても五〇議席前後しか獲得できないとなると、もう変な動きはできなくなる。それに衆議院の選挙の動きまで変化が出てくる。参議院選挙が終れば、衆議院の任期も残り二年一ヶ月となる。参議院が過半数割れをしていたのでは、与党はもう国民の信任を受けていないのだという雰囲気が出てきて、この二年間のようなやりたい放題はできなくなる。憲法五九条のいわゆる〝三分の二条項〟を使って法律を成立させることは、政治的にそんなに安易にできるものではないのだ。

衆議院を解散して国民の意思を反映した衆議院にせよ、という声が澎湃として起こってくるだろう。自公”合体“政権は、完全に行き詰まってくるのである。その衆議院総選挙で、自公”合体“政権を完全に葬らなければならない。自公”合体“政権に代わる政権を作っても、その政権が参議院に過半数をもっていないようでは、新しい政権の運営がうまくいかない。今度の参議院選挙は、近いうちに必ず誕生する自公〝合体〟政権に代わる新しい政権のための選挙なのだ、というくらいに考えなければならない。

こう考えれば、今度の参議院選挙は実に楽しい選挙ではないだろうか。自民党や公明党は偉そうなことをいっているが、そもそも化け物のような衆議院の与党の議席は、郵政解散選挙という詐術を使って騙し取ったものに過ぎないのである。「カエサルのものは、カエサルに返せ」ということなのだ。自民党・公明党両党の諸君は偉そうなことをいっているが、少しは恥を知れといいたくなる。野党も「前回の衆議院選挙で与党が勝ちすぎたのだから今回はバランスをとらせて欲しい」などと遠慮がちにいうのではなく、堂々と小泉前首相の詐術を糾弾しなければならない。

「(公明党が)自民党と連立政権を組んだ時、ちょうどナチス・ヒットラーが出た時の形態と非常によく似て、自民党という政党の中にある右翼ファシズム的要素、公明党の中における狂信的要素、この両者の間に奇妙な癒着関係ができ、保守独裁を安定化する機能を果たしながら、同時にこれをファッショ的傾向にもっていく起爆剤的役割として働く可能性を非常に多く持っている。そうなった時には日本の議会政治、民主政治もまさにアウトになる。そうなってからでは遅い、ということを私は現在の段階において敢えていう」

いつも引用して恐縮だが、『創価学会を斬る』の中で藤原弘達氏が指摘していることである。藤原氏の言を借りれば、現状はすでにもう〝アウト〟なのである。私はそのように現状を受けとめている。このような秋《とき》に立ち上がらない国民は、〝アウトな有権者〟と呼ばれても仕方がないのではないか。民主党の小沢党首は、「改選議席を含めて野党全体で過半数を獲得できなければ、政界を引退する」と自らの退路を断った。私たちも高い目標を掲げて、今度の選挙を戦おうではないか！　いよいよ明日、天下分け目の参議院選挙が公示される。

二〇〇七年七月一二日（木）No.485

## いよいよ参議院選挙の公示！

今日、第二一回参議院議員通常選挙が公示される。六年前、私は「新党・自由と希望」を設立し、一億人の有権者に公明党の政権参加・自民党と公明党の連立の是非を問うために比例区で戦った。「創価学会の政治参加と戦う唯一の政党」をキャッチフレーズに、九人の同志と共に勝利を確信しながら勇躍と立候補した。結果は四七万人の有権者の支持を得たが、議席を獲得することはできなかった。私は苦難の歩みを余儀なくされることになった。

今回の選挙で、自民党・公明党の与党は苦戦を伝えられている。宙に浮いた年金記録・政治とカネの問題（出鱈目な政治資金の管理）・憲法の精神に反する内閣の政治姿勢（「子を産む機械」発言、原爆投下容認発言等）などがその原因である。安倍内閣の支持率は、五〇〇〇万件の宙に浮いた年金記録の発覚と松岡農水大臣の自殺を境に急落しはじめた。支持率と不支持率の数値は、発表された各報道機関の世論調査によって異なるが、不支持率が支持率を上まわっており、かつそのギャップは二〇～三〇％近くある点で一致している。投票意向調査では、民主党を中心とする野党の善戦が報じられている。

自民党・公明党の与党は、過半数の維持を訴えている。これは、政権を信任してほしいということなのである。いっぽう野党は、与野党逆転・ストップ安倍内閣を訴えている。政権交代の第一歩にしたいということなのである。さきに挙げた個々のテーマが争点といわれているが、こうなると実は個々のイッシュー（問題）が争われているのではなく、政権そのもののあり方が争われているのである。土井たか子社会党委員長が「山が動いた」といった一九八九年の参議院選挙でも、争われたのは消費税というイッシューであり、自民党政権そのものが争われた訳ではなかった。

今回与党が敗れた場合、個々のイッシューがどうなるかにとどまらず、自公〝合体〟政権のあり方そのものが問われることになる。安倍首相の首が繋がるかどうかにとどまらず、国民が自公〝合体〟政権を葬ろうという動きにつながっていくであろう。なぜそうなるのであろうか。

いまいわれている個々のイッシュー・争点が発生する根本の原因は、実は自公„合体“政権の存在そのものに起因しているからである。衆は愚にして賢、という言葉がある。マスコミ等でくだらないことをいっている学者や政治評論家やコメンテーターなどより、国民ははるかに本質を見抜いているのである。国民は、日々の生活を通じて現実の政治をみているからなのである。

投票日まで、あと一八日ある。基本において卑しい自公„合体“政権は、この間に権力者だけができる姑息な手段を使って、選挙を有利にしようとするであろう。権力に迎合する安易な道を歩んでいるマスコミは、偏向した報道で与党に加担しようとするであろう。六年前に警鐘をならした「創価学会の政治参加」は、現実にいろいろな問題をわが国の政治に引き起こしているのである。国民の利益をいろいろな場面で害しているのである。

私の予感が間違っていなかったこと、国民の利益を守るためならば政治家は身を挺して戦わなければならないことに、私は密かに納得と自信を感じている。そのような確信に基づいて、六年前と同じように私はこの選挙戦を必死に戦う。私の武器はこのＷｅｂサイトである。命を懸けた言論で、私はこの選挙を戦うことを誓う。自公„合体“政権と戦うすべての候補者と国民に心からのエールを送る。天は正義の戦いをする者に必ず力を与えるであろう。

# 見えてきたぞ目標値！

二〇〇七年七月二〇日（金）No.493

七月一八日付の『読売新聞』に「参院選本社情勢調査」の記事が掲載されている。この情勢調査は、七月一四〜一六日にかけて電話で行われ、四万一七三五人から回答を得た世論調査を基にしている。これに過去のデータや同社の取材網や各政党からの情報を加味して総合的に判断したものである。今後各報道機関も同様の情勢調査を発表するであろうが、少なくとも今回の参院選で私が目にした最初の本格的な情勢調査である。週刊誌の選挙予測などとは質的に違うものである。ここには、恐ろしいことが書いてある……。

まず昨日論じた内閣支持率であるが、支持する者二七・九％、支持しない者五一・七％、その他一八・三％、答えない二・一％と書いてある。「その他」がどういうものなのか、この記事だけでは判らない。このようなものや無回答は無視するのが、世論調査をみるときの見方である。内閣支持率が二七・九％であるというところが重要なのである。『朝日新聞』の連続世論調査でも、直近四回の内閣支持率は31→28→31→30％であった。『読売新聞』もこれまでも月一回くらい世論調査を実施し、これを発表してきた。そのデータを手元にもっていないが、確か『朝日新聞』の数値より少し高かったように記憶している。

それにしても世論調査というのは、面白いではないか。『朝日新聞』の連続世論調査でいえることは、内閣支持率は基本的には三〇プラスマイナス二％と昨日述べた。調査方法やサンプル数が異なっても、今回の『読売新聞』の世論調査では二七・九％である。〇・一％足らないが、見事に三〇プラスマイナス二％の範囲内に収まっているではないか。正しい世論調査の手法で行えば、その結果は恐ろしいほど一致しているのである。だから、科学的手法というのである。もし誤差があるとすれば、『読売新聞』の強烈なファンは『朝日新聞』の調査にはちょっと斜に構えた回答をするだろうし、この逆のこともいえる。これは世論調査では数値として現れてこない（笑）。

先ほど触れた「その他」と無回答という数値には、このようなものが含まれているのではないだろうか。現在では、『読売新聞』と『朝日新聞』の主張や傾向は大きく異なり、かつそのことを多くの国民が認識している。また読者数も多い。だからそれぞれが行う世論調査には「斜に構えた回答」が出てくる可能性があるのである。例えば内閣支持率に関する同記事の見出しは、〝「参院選に関心」七八％　内閣支持率三割切る〟となっているが、『朝日新聞』ならば逆に〝内閣支持率二七・九％「参院選」に関心七八％〟と付けるであろう。こういう目で新聞を読むと、これはこれとして面白いのである。

この記事は選挙情勢調査として、きわめて衝撃的なことが書いてある。まずどこでもいわれている二九ある一人区の予測として、自民党優勢は群馬と山口県選挙区の二つだけとしているのに対して、野党系優勢は岩手・山形・山梨・三重・滋賀・奈良・徳島・沖縄県選挙区の八つとしている。選挙用語でこの時点で〝優勢〟というのは、ほとんど決まりで挽回不可能ということなのである。残りの一九選挙区について三面ではいちおう互角・横一線としている。しかし、一二・一三面に書いてある選挙区情勢を注意深く読むと、自民党が一歩リードしているとされているのは三選挙区だけである。これに対して野党系がリードしているとされているのは九選挙区である。本当に互角・横一線と考えられるのは七選挙区にすぎない。なお、この予測と読み方には私の長年の経験による読みも入っている。

本当に互角・横一線ということは、フィフティ・フィフティということだ。7÷2＝3・5だ。これを切り上げて四議席とし、これに優勢とされている群馬と山口県選挙区の二を加えても、自民党候補が当選できる一人区は六選挙区にすぎないという予測が、今回の情勢調査から窺えるのである。もし問題の一人区で六勝二三敗だったとしたら、一九八九年の〝山が動いた〟と土井社会党委員長がいった参議院選挙と同じような選挙になる。あの選挙では、私は全国に応援に行かされたが本当に無残な選挙だった。私は候補者が可哀想になった。それでも自民党の各候補者は、自民党に誇りをもって戦っていた。負けを承知で戦いに挑む武将のような気高さがあった。創価学会・公明党という毒饅頭を食らってしまったいまの自民党候補者に、そのようなものが果たしてあるのだろうか。

いっぽう三人区、五人区でもおもしろい傾向が窺える。公明党は埼玉・神奈川・愛知・大阪の四選挙区（いずれも三人区）に候補者を立てているが、愛知では苦戦しているようだ。埼玉では公明党候補が勝ってもその代わり自民党候補が落ちそうである。五人区の東京選挙区でも与党で三議席の確保はなかなか難しいようである。二人区は、自民党と民主党で分け合っているところがほとんどなのであるが、なんとわが新潟県では民主党が一人に絞った自民党候補を蹴散らして二人当選する可能性もありそうだ。そうなったらもう自民党は滅茶苦茶になるだろう。私も週末から新潟県に入るつもりである。

比例区の情勢は、「自民党は伸び悩んでいる。逆風に加え、選挙区選で公明党から選挙協力を得るため、『比例選は公明党へ』などと支持者に呼びかける自民党候補が増えたことが一因と見られている。自民党は過去最低だった九八年の一四議席を下回ることもあり得る」と同調査はいっている。また「(公明党は) 比例選では〇一年、〇四年の参院選で獲得した八議席を確保できるか微妙な情勢だ。年金問題などで守勢に立たされているのが響いている」とも書かれている。この記事によると比例区で、自民党一三議席以下、公明党七議席以下ということも十分予想できるということである。比例選の予想は、このような世論調査で行うしかないのである。

七月一一日の永田町徒然草で、私は今回の参院選の目標値を「公明党の獲得議席を二〜三くらい減らして一〇議席前後、自民党の獲得議席を四〇議席前後」とした。ずいぶん高い目標値を掲げたものだといわれた。だが、今後の政治の展開を考えると、このくらい自民党・公明党を追い詰めておかないと本当はダメなのである。私にはそのことが十分に予想できるので、このような目標値をあえて掲げたのだ。しかし、今回紹介した『読売新聞』の選挙情勢調査によれば、この目標値が夢ではないといえることが明らかになった。昨日から政府広報として全国に新聞チラシを配布したということが問題になっている。追い詰められた自公〝合体〟政権はなんでもするだろう。野党陣営が気を引き締めて戦っていけば、必ず大勝利を掴むことができる。

二〇〇七年七月三〇日（月）No.503

## 自公〝合体〟政権の歴史的大敗!!

いまテレビで開票速報をみている。次々に民主党および野党系候補の当選が伝えられているが、肝心な投票率の最終的な発表がない。正直いって昨日夕刻頃あまり投票率が高くないような情報が伝えられた。この時は私もちょっと心配になった。しかし、私が今回の選挙の目標としてきた「自民党四〇議席前後・公明党一〇議席前後、与党合わせて五〇議席前後」を、前回よりそれほど高くない投票率で楽々とクリアした意義は大きい。まだ比例区の最終結果を確認できないが、もう大勢は明らかである。国民の審判に私は敬意を表わしたい。

自民党と公明党が〝歴史的敗北〟を喫したのに「私は総理に就任して改革を続行していく、新しい国造りを進めていくと約束した。その約束を果たしていくことが私の責任だと思う」と述べ、安倍首相は続投すると表明した。これに対して自民党や公明党の中から現在これといった反対が起こってきていない。呆れて発する言葉すらない。まあ、安倍首相をトップにして自公〝合体〟政権をやってゆくというのであれば、それはそれでよいだろう。ただハッキリといっておく。それは墓穴を大きく、深くするだけのことである。この一事をみても安倍首相や自民党や公明党に政権を担当・運営していく能力がないことが明らかである。

今回の参議院選挙の教訓や注目点はきわめて多い。最終的な投票率が判らないからハッキリいえないが、六〇〇〇万人が投票した国民的政治行動から多くのことを学ばなければならない。今後数回にわたって述べていくつもりである。今回の結果は政権交代への大きな展望を開くものであることは間違いないが、実際に政権交代を達成するとなるとまだまだ超えなければならないハードルや課題は多い。それは今回の勝利と敗北を詳細かつ謙虚に分析することからはじめなければならない。民主党・野党系候補の大勝でつい見逃しがちだが、この歴史的大勝の中でも苦杯を喫した候補者もいるのである。そうした候補者の健闘を讃えると共に捲土重来を心から祈る。

私が国政選挙に立候補してから三〇年余りになる。以来衆議院選挙はもちろん参議院選挙にも深く関わってきた。これまでにも何度か劇的な選挙があったが、今回の選挙も生涯私の記憶に残るものとなるであろう。今回の選挙の劇的なところは、政権交代という新しい課題が始まるということである。これまでの劇的な選挙では、あるイッシュー（問題――例えば消費税・減税など）が問われ、それに対する国民の意思が示されることによってある程度その目的を達成していたような気がする。だから選挙後に政権交代という機運などは出てこなかった。この点がこれまでの劇的な選挙と決定的に違うところである。野党は勝利に浮かれてばかりいられないのである。今日はこのことだけを指摘しておく。

# 第2章

# 〝ねじれ〟にのたうつ自公〝合体〟政権

## ——安倍政権から福田政権へ

二〇〇七年八月一五日（水）№519

# 終戦記念日の思い出

今日は終戦記念日である。東京の武道館で天皇皇后両陛下御臨席のもと、全国戦没者追悼式が行われる。この追悼式は、先の大戦で亡くなられたすべての戦没者が対象である。靖国神社に祀られるのは、軍人軍属だけである。国が行う追悼式であるから、政教分離の関係で特定の宗教形式では行われない。今年もまた靖国神社問題が議論されるであろうが、国は戦争で犠牲になられた方々をこのように追悼・慰霊していることをこの際ちゃんと押さえておかなければならない。

終戦記念日というと私には忘れられない思い出がある。ひとつは一九八八年の終戦記念日である。当時癌のために相当衰弱されておられ、那須の御用邸で静養されておられた昭和天皇が病をおして全国戦没者追悼式に御臨席された。当時私は郵政政務次官だったのでその追悼式に出席していた。昭和天皇が文字通り死力を尽くしてその追悼式に御臨席されたことに深い感慨を抱いた。これが昭和天皇の全国戦没者追悼式への最後の御臨席となった。昭和天皇の戦争に対する想いは、非常のものがあったと推察する。この時期になると元気づく右翼反動の先の戦争に対する思いと昭和天皇のそれはまったく別のものであることだけは確かである。

もうひとつは、一九九五年の終戦記念日である。その年の七月に行われた参議院選挙の後、村山富市首相が河野洋平外務大臣（自民党総裁）に対して「自社さ連立政権の首相を諸般の事情で私が務めることになったが、これはやはり不自然である。第一党の総裁であるあなたがやはり首相を務めるべきである」といった。これに対して河野外務大臣は、「党に帰って協議したい」と答え、この席に同席していた武村正義大蔵大臣が、「それはちょっと話が違う」と口を挟んだという。いずれにせよ、河野首相の話は沙汰止みになった。

一九九五年の参議院選挙も実は大きな意味をもっていた。小選挙区比例代表並立制の衆議院選挙制度はすでに確定していた。自社さ政権の野党は共産党を除きこの選挙制度を睨み、一九九四年一二月に新進党を結成していた。その新進党が比例区で一八議席獲得したのに対して、自民党は一五議席しか獲れなかった。これは自民党にとっては衝撃的な結果だった。二年以内にこの新進党と戦わなければならないのである。この選挙に臨むにあたり、自民党が政権党の一員であることは大事だが、もし自民党総裁が首相であればそれにこしたことはない。多くの党員もそのことを望んでいた。

私は河野洋平氏と同じ宏池会に属していた。一九九三年の宮沢喜一首相の退陣後、自民党の大勢は渡辺美智雄氏を総裁にする流れだった。私は「野党になった自民党の葬儀委員長を選ぼうというのならばそれでも構いませんが、もう一度自民党を建て直そうというのならば私は反対です」といって、他派閥の若手と一緒になって自民党が敗北した衆議院選挙のとき「これからはサンフレッチェでいく」といわれた河野洋平・橋本龍太郎・石原慎太郎の中から選ぶべきだと主張した。

宏池会の若手は橋本氏を担ぐから他派の若手は河野氏か石原氏を担いでくれと私は主張した。宏池会の若手は橋本氏を担ぐ動きを現に行ったが、河野氏や石原氏を担ごうという他派閥の若手の動きは結局起きなかった。河野氏も石原氏も、私が思っていたより若手に人気がなかったのである。そのままいったら橋本氏と渡辺氏の戦いになったであろう。そうなるとその結果は分からなかった。癌のためにどう考えても総裁の職責を果たすことが無理な渡辺氏をその職に就かせることには無理があった。こうなると大勢も変わり、各派の幹部も渡辺氏という訳にいかなくなった。河野洋平氏を担いだのは若手ではなく、実は派閥の親分衆なのである。河野氏が渡辺氏を破り総裁に就任した。

私は派閥も違うし、大先輩であるので橋本氏とは付き合いもなかった。しかし、橋本擁立の先頭にたったのは、戦略的意図からであった。新聞記者に橋本氏の住所を聞いて川崎二郎代議士と一緒に橋本氏と会い、私たちは勝手に擁立するので総裁選に立候補して欲しいと話し込んだ。私たち宏池会の若手は橋本擁立のために何度も会合をもった。河野氏が立候補することになり、橋本氏は立候補を辞退することになったが、わざわざ私たちにそれでいいかと了承を求める会合をもったほどだ。橋本氏は意外に生真面目なところがあるのである。

私は河野氏が総裁になったことは良かったと思っている。同じ派閥だし、リベラル肌の政治家だから何の恨みもなかった。自社さ政権ができたのも河野氏が総裁だったからできたと思っている。しかし、村山首相から「河野さん、やはりあなたが首相をやりなさい」といわれたのに、逡巡を示したことは残念で仕方なかった。私たちは、二年以内に生きるか死ぬかの選挙を控えているのである。総裁はそのシンボルであり、総指揮官である。戦いに勝つためには、何よりも気迫が必要である。私は、この一事で河野氏にはこの気迫が欠如していると感じたのである。

亀井静香代議士から電話がかかってきた。「白川、あの河野で選挙は戦えるか」という。「あれではダメだな。党の総裁というのは、野球でいえば四番バッターである。四番バッターだからといっていつもホームランを打てとはいわないが、ど真ん中にストライクのボールがきているのにバットを振らないような四番バッターでは話にならない」と私は答えた。「橋本は、総裁選に出る気はあるだろうか」「私はあると思うよ。俺が話してみる」と電話を切った。

偉そうな話だが、亀井氏は二年前の総裁選で私たちが橋本氏を担いだことを知っていた。また当時私は商工委員長で橋本通産大臣とは仕事柄しょっちゅう一緒だった。私は通産大臣室で橋本氏に単刀直入に話した。「ど真ん中にストライクの球が来ているのに、バットを振らない総裁では今度の総選挙は戦えません。ぜひ総裁選に立候補してくれませんか。私たちは全力で応援します」橋本氏も例の一件には危惧を抱いていたようである。橋本氏の表情が変わった。

「真剣に考えます。白川さん、少し時間を下さい」

私はこれで決まったと思った。後は私たちが勝手に動けばいい。亀井氏と会って、各派の影響力のある若手を集めることにした。その最初の会合を、夏休み中ではあるが政治家が集まる終戦記念日にしたのである。各派の戦闘力のある若手一〇人くらいが、追悼式が行われた後に集まった。そこで「橋本総裁を実現する会」が結成され、一〇日足らずで一〇〇名くらいの若手を結集した。橋本氏が立候補声明をするのにあまり時間や労力は要らなかった。河野氏は立候補をしないことになり、小泉氏が立候補することになった。

河野氏が犯したミスは、今回の安倍首相の失態に比べれば問題にならないほど小さいものである。それでも、戦う政党にとっては見過されることではなかったのである。自民党はもう戦う気がない政党になったのだろうか？　反省すべき点を反省すれば、国民の怒りは収まるとでも思っているのだろうか？　いくら党・内閣の改造をしてみたところで、腐ってひん曲がった柱を取り替えないで、国民の支持が得られると本気で思っているのだろうか？　政治は一瞬のうちに動くときは動くのである。志をもった政治家が集まれば、そういうことが起こるのである。いまの自民党や公明党の政治家は、一山幾らのバナナみたいなものである。こんな政治家集団に〝改革〟などできる筈がない。

# 絶好のチャンス到来!?

二〇〇七年八月二八日（火）No.５３２

安倍首相の決定した党・内閣の改造人事が確定した。人によって評価はいろいろであるが、まず確認すべきことは安倍首相は国民の審判を拒否した総理大臣だということである。参議院選挙で敗北しても、手続論としては確かに安倍首相が退陣に追い込まれるということはない。参議院選挙は政権選択の選挙ではないなどと分かったようなことをいうが、国政選挙である参議院通常選挙が政権に対する国民の審判を仰ぐ選挙であることは誰も否定できないことである。そして国民は安倍首相にノーという審判を下したのである。

安倍首相は国民のこの審判を拒否したのだ。国民のノーという審判を平然と無視する権力者というのは、独裁国家の最高権力者の所業である。もっとも独裁国家には本当に民主的な選挙などない。民主的選挙で国民の意思が明確に示されたのにこれを平然と無視し、「私の主張そのものは支持されている」などと嘯《うそぶ》く安倍首相は、民主主義というものを基本において理解していない反民主的な総理大臣だということだ。少なくともわが国の総理大臣でこのような国民の審判を平然と無視した首相はいなかった。

安倍首相に最初に続投をけしかけたのが、麻生太郎外相（当時）だった。直前の総裁選挙で第二位の得票をしたということは、事実上の自民党ナンバー・ツーである。この男も民主主義をまったく理解していないということだ。反民主的な政治家である。安倍首相は、この男を自民党幹事長に任命した。幹事長に任命された麻生氏はしてやったりという顔をしていた。内閣も自民党も反民主的な政治家がトップに立つという異常な状況の出現である。マスコミはこのことをまず国民に伝えなければならないだろう。国民もこのことをシッカリと認識しなければならない。

安倍内閣が今回の改造によりどれだけ延命できるかどうかは、直ちに判断できない。少なくともマスコミ報道では、上記のことをほとんどの人が触れていない。わが国の国民は、政治的には熱しやすく冷めやすいところがある。マスコミが派手に改造人事を報道すると、国民は騙される虞《おそれ》なしとしない。従って、野党をはじめとして民主的人士は、嫌われようが場違いといわれようが、安倍首相の反民主性を指摘し続けなければならない。わが国では、めでたい時にそれに水を差すようなことをいうと、場違いだと言われるからである。

もうひとつここで改めて指摘しておかなければならないことは、自民党と公明党が、安倍首相のこの反民主的暴挙を許したということである。これは、自民党も公明党も反民主的な政党であることを暴露してしまったということである。公明党が反民主的な政党であることを暴露したとしても、誰も驚かないであろう。しかし、自民党が反民主的な政党であることを暴露してしまったことは深刻である。自民党の正式名称は、いうまでもなく自由民主党だからである。

民主主義を放擲した政党が自由〝民主〟党とはおこがましい。今回の安倍首相の改造は、詐術である。詐術に騙されてはならない。

自民党は今回安倍首相の続投を許したことにより、その寿命を著しく縮めたと私は思う。自民党は「まあ安倍首相が続投するというのだから行けるところまで安倍首相で行って、ダメならば別の人に変えればいい」と考えているのかもしれない。しかし、そう考えているとしたら甘い。参議院選挙で自公〟合体〟内閣を政権の座から引き摺り降ろすことはできないことなど、国民も知っている。だが自公〟合体〟政権のスキームは仕方ないが、少なくとも安倍首相は辞めさせよというのが、国民の審判だった。

そのチャンスを、自民党は逸してしまったのである。政治には、タイミングと気風《きっぷ》のよさが必要なのである。選挙の直後で安倍首相を辞任させなければ、自民党が振り子の原理を使うことはもうできないだろう。やっぱり安倍首相ではダメでしたといって別の人物を新しい首相に選んで、その首相の下で総選挙を戦うという勝手を国民は許さないであろう。わが国の政治は自民党や公明党の都合で回っているとの考えは、アナクロニズムであるだけでなく尊大すぎる。自民党は安倍首相の下で次の総選挙を戦わなければならなくなるだろう。私が最後まで安倍首相の続投を前提としてこの永田町徒然草を書かなかったのは、自民党や公明党にこのことを教えたくなかったからである（笑）。

安倍首相の続投が改造で最終的に確定したことにより、次の総選挙で自公〟合体〟政権を打倒する可能性は一挙に高まった。自公”合体“政権の打倒を志す者にとっては、チャンス到来である。その意味からいうと今回の党・内閣の改造は、喜ぶべきことである。しかし、そのことは政権交代を約束するものではない。この前も書いたが、九九里まではきたが最後の一里が重いのだ。昔から「百里の道は九十九里をもって半ばとする」といわれているではないか。これからが本当の正念場である。時間がどれだけあるかもいまのところ分からない。この絶好のチャンスを逸すると民主党を中心とする野党が政権を掌握することは当分できなくなると私は考える。

二〇〇七年九月一一日（火）№５４６

## 典型的な政治的発言!?

私は昨日朝、「それにしても、安倍首相は外遊先のオーストラリアで、おかしなことをいった。テレビでみる安倍首相の表情は、虚ろそのものである。言葉を並べているだけである。〈中略〉安倍内閣は、これからドンドン追い込まれていく。そんなことは当たり前のことなのだが、マスコミはさも重大事のように報道している」と書いた。昨日は、安倍首相の〝職責を賭して〟発言が大きく報道されていた。

総理大臣がある特定の法律案に〝職責を賭す〟と発言した場合、〝普通〟はその法律案が国会を通らない場合には、総辞職か解散総選挙を意味する。しかし、安倍首相には、この〝普通〟は通用しないと思う。参議院選挙であれだけ大敗を喫したのに、「私の主張は基本的に支持されている」とのたまう総理大臣なのだから（笑）。私は昨日の発言の意味は、参議院でテロ特措法延長法案が否決されても、憲法五九条二項のいわゆる〝三分の二条項〟を使って成立させますよと表明したにすぎないと考えている。

安倍首相の政治的思惑は、こういうことであろう。すなわち〝職責を賭ける〟という非情な決意をしていろいろな批判はあるにしろ三分の二条項を使ってテロ特措法延長法案を成立させて、国際的公約＝わが国の国際的地位を守った。〝安倍首相も、それなりにやるではないか〟という評価がそれなりに出てくるであろう。それを反転攻勢の足がかりにしたい。まあ、こういうことであろう。だから、安倍首相の〝職責を賭ける〟などという言葉に翻弄されてはならないということである。

安倍首相の〝職責を賭ける〟という刺激チックな発言は、多分小沢民主党代表の例の「野党が過半数をとれなかった場合には、政界から引退する」という発言を参考にしたものであろう。安倍首相は、小沢氏のこの発言のために参議院選挙は負けてしまったのだとでも考えているのだろうか。もしそうだとしたら、安倍首相は参議院選挙の徹底的総括をしていないということになる。この辺が、安倍首相の軽いといわれる所以《ゆえん》である。

政治家は、いわゆる〝政治的発言〟をする動物である。政治的発言とは、政治的思惑や政治的打算や政治的効果を狙った発言のことである。小沢氏の〝政界引退〟発言も安倍首相の今回の〝職責を賭す〟発言も、まさに典型的な政治的発言である。小沢氏が〝政界引退〟発言をしたのは、参議院選挙の公示日の数日前であった。その時点では、少なくとも選挙が分かっている者の間では、選挙の結果、野党が過半数を占める議席を獲得できることはほとんど確実であった。

小沢発言は、正確には「非改選議席を含めて、野党が過半数を占める議席を獲得できないようでは、もう当分の間政権交代などできないでしょう。そういう国会にいてもしょうがない」という趣旨であった。改選議席の過半数は六一議席であるが、非改選議席を含めての過半数となると野党の非改選議席が六三議席あったので、実際は五八議席獲得すれば小沢氏の目標はクリアできたのである。だから、世間をアッといわせた〝政界引退発言〟は、選挙を知っている者にはかなり大甘な目標だったのであるが、その政治的効果は大きかった。

それでも予想は予想であり、実際の選挙がそうなるかはやってみなければ最終的な結果は分からない。選挙情勢を一変させることも時にはある。一九八〇年の解散総選挙では大平正芳首相の死という大きな代償を払ったのだが、自民党は大勝した。選挙結果に自らの進退を賭けた小沢代表の〝政界引退〟発言には、政治的発言特有の危険性があることはあったのである。それだけに政治的発言特有の効果もあった。小沢代表の〝過半数が取れなければ、政界を引退する〟という発言で、多分五〜七議席くらいの増大効果があったと私はみている。

それに比べ、今回の安倍首相の〝職責を賭す〟発言には、何らの危険性も伴わない。参議院でテロ特措法延長法案が否決された場合、三分の二条項を使ってこの法律を成立させることは、確実にできるのである。世論の非難や批判があったとしても、参議院選挙の結果を公然と無視する安倍首相にとって、平気の平左・屁の河童であろう。現在のわが国の総理大臣は、そういう人なのである。このことを私たちは片時も忘れてはならない。

法律家としていうと、ひとつだけ問題がある。憲法五九条四項の「参議院が、衆議院の可決した法律案を受け取った後、国会休会中の期間を除いて六〇日以内に、議決しないときは、衆議院は、参議院がその法律案を否決したものとみなすことができる」という規定である。民主党を中心とした野党が徹底的審議のために時間を費やした場合、この条項によって三分の二条項を発動できるのである。今回の臨時国会の会期は六〇日間であるが、臨時国会の会期は二回延長できる。だから引き伸ばし戦術は役に立たない。

従って、野党は衆議院においても参議院においても、テロ対策特別措置法の問題点を徹底的に議論し、その不当性を国民に明らかにしなければならない。この議論は意外に大変だと思う。憲法九条やわが国の外交のあり方を全面的に問い直す議論をしなければならない。民主党が本気で政権交代を考えているならば、これらの議論を通じて民主党を中心とする野党政権ならばどのような外交防衛政策をやっていくのかを国民に明らかにするよい機会である。私がよくいうことだが、政権交代一般に良いも悪いもない。政権交代をすることにより、現政権のどこをどのように変えるのかということを国民に明確に示さないと政権交代に対する国民の本当の期待はでてこない。野党議員の奮闘を期待する。

## 泥舟はやはり沈んだ！

二〇〇七年九月一二日（水）№548

安倍首相が辞任した。なんともあっけない安倍内閣の終焉である。やはり国民が国政選挙で示した意思に公然と歯向かうことは、無理なのである。いや許してはならないのである。かろうじてわが国の歴史に例外を残さなかった点は、わが国の憲政史上良いことだったと私は思っている。今回の問題はこれに尽きる。

それにしても、国民の意思に公然と敵対しようとした改造内閣の閣僚に唯々諾々と就任した大臣諸公こそいい面の皮であろう。彼らの発言もテレビでみたが、狐に抓まれたみたいだった。その中でも特別に張り切っていた舛添厚生労働大臣は、「感想は？」と聞かれると「感想は、ナイ、ナイ」といって車に乗り込んでいた。よほど驚天動地の心境だったのであろう。いかなることにも明快な理屈（たとえそれが屁理屈であっても）でものをいうのが彼の唯一の取り柄だったのであるが……。民主主義を否定する首相の大臣を引受けるなどという理屈に合わないことをするから、こういう目に遭うのである。もって瞑すべし、である。

参議院選挙の直後に安倍首相が辞任していたのならば、後継総裁の選出は意外に簡単だった。しかし、今度の新しい総裁選出は意外に難しいと思う。安倍首相の続投を許したという意味では、自民党の議員には責任があるからである。そういう意味では、安倍首相の続投を許したことの責任は重いのである。参議院選挙の直後、安倍首相に続投を〝けしかけた〟麻生幹事長の責任は特に大きい。麻生幹事長を総裁に選出するようだったら、「麻生新首相」を安倍首相と同類と国民はみなすであろう。

しかし、今回の安倍首相の辞任を国民は安倍首相が出鱈目だと思うだけでなく、自民党や公明党を出鱈目と思うことになるであろう。それは正しいことである。安倍首相の続投はそもそも無理筋だったのである。だから、自民党や公明党の国会議員が本気で動いていれば、安倍首相の続投を阻止することなど簡単にできたのである。そのことを国民は支持したであろう。自民党や公明党の国会議員の中で誰も本気でそのことをやらなかったのである。中にはこれに媚びる者までいた。いうならば、同罪なのである。舛添クンなどはその筆頭である。

私が安倍首相の続投はまだ決まっていないよと最後まで慎重だったのは、政治ではこういう場面が時にはあるからである。そこに政治のダイナミズムやエネルギーがあるのである。それをやれるのが真の政治家である。安倍首相の出鱈目な辞任を受けて物知りげにいろいろと弁解するのは、所詮〝後膏薬〟というものである。そういう後膏薬を一見もっともらしくいう政治家には反吐《へど》が出る。まあ、自民党や公明党の言動をこの際、しっかりと見ておこう。

## 猿芝居もそれなりに面白い

二〇〇七年九月一七日（月）No.553

興味も関心もないといっても、自民党の新総裁選びについては論じなければならないであろう。三連休ということもあったので、昨日はフジテレビの『報道2001』とNHKの『日曜討論』で〝一騎打ち〟といわれている福田氏と麻生氏のお話を聞いてみた。また午後には党本部で行われた「立会演説会」なるものをNHKで放映していたので、全部聞いてみた。猿芝居も一応は〝芝居〟ではある。芝居であるから多少の面白さがあった。

麻生派を除く全派閥が支援しているという福田康夫候補だが、そのあまりの酷《ひど》さに自民党の福田支持を決めた国会議員は〝しまった〟と思っているのではないだろうか。私は福田康夫氏とはほとんど付き合いがなかった。ただ一度だけ多少関係したことがあるとすれば、一九九八年の参議院選挙で惨敗し、橋本首相が退陣した後に行われた総裁選挙の時である。小泉純一郎氏を私が支持した時、清和会の幹部として食事を一度ご馳走になったことがあるくらいである。

もう一〇年前になるが、福田氏は当時から飄々としていた。

彼も衆議院選挙に出ているのだから、演説くらいはそれなりにできる。しかし、衆議院選挙に立候補して演説する内容と自民党総裁選挙で演説しなければならない内容は自ずと異なる。小泉内閣で長い間官房長官をしたのだから、最低限の演説はできるものと推薦を決めた人たちは思っていたのだろう。しかし、実際にその立候補演説を聞いてみて「あぢゃ〜」と思ったのではないだろうか。いくらなんでも酷すぎる。これでは、お話にならない〝話・演説〟である。いうまでもないことだが、現在の政治戦は〝話・演説〟で行うのである。大将の演説がこれではお話にならないことは明らかであろう。

それに比べて、麻生候補の演説はそれなりに聞けるものがあった。麻生氏にとっては、確か三回目の総裁選への立候補である。三回も経験があるのだから〝話〟は多少はうまくなるだろう。数は少ないが麻生陣営は活気づいているであろう。しかし、麻生氏の〝話・演説〟も、お話にならないところがいくつかあった。まずは、安倍首相に続投をけしかけたことに対する反省の弁が一言もなかった。今回は安倍首相の唐突な辞任を受けての総裁選である。安倍首相の続投や辞任について基本的な認識を述べることが、政治的にもっとも大切なことなのである。

安倍首相に対する厳しい審判は、安倍内閣に対する審判でもあった。麻生氏は主要閣僚であった。麻生氏もその責任を取らなければならなかったのであるが、そのような認識は全くなかったから続投をけしかけ、その功あって幹事長になることができたのであろう。しかし、安倍首相の続投はやはり無理筋であった。そのため辞任せざるを得なかった。安倍丸は轟沈した。麻生氏は幹事長としてこの総裁選を仕切り、総裁候補として立候補した。本来ならば麻生氏がいちばん強い候補であっても少しもおかしくないのである。こういうことを政治の世界では〝焼け太り〟という。

麻生氏は古い自民党に苛められているというスタンスを強調して支持を拡大しようとしているようである。しかし、河野グループを麻生派に衣替えしてまで派閥の長にこだわる麻生氏がどうして新しい自民党などという資格があるのだろうか。新聞等が〝○○派〟と〝○○グループ〟をどう使い分けるのか、実は私は知らない。新しい自民党といいたいのならば、ネーミングとしては麻生グループの方がまだマシだろう。もうひとつおかしいと思ったのは、ああいう演説の中で「○○屋」という特定のホテルの名前を出したことであろう。いまだに麻生氏はJC（日本青年会議所）会頭のノリなのである。

立会演説会の聴衆の姿も面白かった。福田氏の演説のときは居眠りをしていた議員が多かった。眠っている場合じゃないだろうと忠言したくなった。あなた方が選ぼうとしている人物がこんな調子では、自民党は間違いなく沈没するというのに……（笑）。麻生氏の演説になるとちょっと心配そうに聞き入る議員が増えた。各議員はどちらを応援したか、いずれは支持者には説明しなければならない。さあ、どうやって説明するのか？　これは意外に厄介なことになるぜよ（笑）。

麻生氏は、昔から人と話をしていて面白いと思った話を持参のメモ帖に書き留める習慣がある。麻生氏が「日本の底力」として挙げたものは、その羅列なのであろう。衰えたりといえども、わが国に底力があることなど麻生氏にいわれなくても分かっている。それは国民の努力で築き上げてきたものである。いま大切なことは、その力をどうやって維持し、成長させるかということなのである。そのことについて、麻生氏は一言も言及がなかった。これでは総理大臣候補の〝話〟にはならない。

以上のとおりである。今回の総裁選は、しょせん猿芝居である。しかし、猿芝居ではあっても、〝芝居〟には芝居としての面白さはそれなりにある。そうとでも思わなければ、これから九月二三日まで退屈すぎてどうしようもないだろう（笑）。そのような御仁のためにいささかでも参考になれば、幸いである。そういう次第である。

## 保守とリベラルについて

二〇〇七年九月二三日（日）No.559

暑さ寒さも彼岸までというが、彼岸になったというのに今年はいっこうに涼しくならない。この永田町徒然草を書こうと思ったのであるが、蒸し暑かったので、タバコの補給がてら外を歩いてきた。暑いというほどではないが、とても涼しいという感じではなかった。やせ我慢して、あまり暑い暑いといわなかったが、本当に今年の夏は暑かった。気象情報では、明日東京では一雨あり、そうすると爽やかな秋空がくるという。待ち遠しい（笑）。

今日で馬鹿らしい自民党総裁選は終る。福田氏の当選以外の選択肢は、自民党にはないようであるが、首尾よく福田氏を当選させても自民党の苦難は続くであろう。自業自得なのだから仕方ない。ところで、最初の世論調査で、福田内閣の支持率はどのくらいになるのだろうか。私にはちょっと想像できない。四〇%台であったら福田内閣はとても勢いをもたないであろう。三〇%台であったら、ピンチである。そうしたらまたシャッポを変えるということはもうできないであろう。今度は解散総選挙である。福田氏がもたなくなっての解散総選挙では、自民党は惨敗を免れまい。最初の世論調査の結果はきわめて大事である。

先の参議院選挙で自民党は大敗した。これが衆議院の選挙であったら、自民党は野党に転落していたのである。今回の総裁選では、野党になる寸前のところまで追い詰められた自民党をどう立て直すのかということがテーマでなければならなかった。そんな認識や気迫はまったく感じられなかった。自民党が大敗したのは、自民党の政策やあり方が行き詰まったのである。安倍首相の戦後レジームからの脱却というスローガンが敗北したのである。だとしたら、このテーマに対する反省や見直しが行われなければならなかったのである。

一九九三年自民党が野党に転落したとき、私は自民党が再び政権党に立ち直るためには自民党の基本理念を〝リベラル〟な路線に切り替える必要があると思った。宮沢総裁の後継者に河野洋平氏を選出したのも、「リベラル政権を創る会」を設立したのもそのような基本戦略に基づいたものであった。この戦略・戦術は成功した。自社さ政権を作ることができたのも、一九九六年の小選挙区制での初めての総選挙で自民党が勝つことができたのも、この基本戦略に基づくものであった。

政党が前進するためには、その政党の基本的な政治理念が正しくなければならない。基本的な政治理念で政権運営や個々の政策が決まってくるからである。リベラルな自民党という政治路線を党の中枢においてリードしたのが、加藤紘一政調会長・幹事長であった。加藤氏もリベラルな路線を歩む以外に自民党再生の道はないと思っていた。一九九八年の参議院選挙で橋本・加藤体制の自民党が敗北したのは、正直にいって想定外の出来事だった。私自身その総括が正しくできていないような気がする。

橋本総裁の後継に、小渕恵三氏を選出したあたりから、自民党のリベラル路線はおかしくなっていった。そして小渕首相が公明党と連立をしてから自民党はリベラル路線から完全に外れていった。基本的な政治理念ではなく、手練手管で政権運営がなされるようになった。加藤の乱は、追い詰められていった自民党リベラル派の戦略なき〝乱〟であった。しかし、加藤の乱を鎮圧した執行部の意図は明確だった。自民党リベラル派の殲滅であった。そして自民党リベラル派は見事に殲滅された。リベラル派が殲滅された自民党から私は去ることにした。

加藤の乱を鎮圧した一人が森派の小泉純一郎会長だった。小泉氏はリベラル派を殲滅した頭目の一人なのである。その小泉氏を、殲滅された加藤氏や山崎氏が真っ先に支援して小泉総裁が選出された。〝改革〟を叫ぶ小泉氏の改革にはリベラル性は全くなかった。ＹＫＫという人間関係だけの結束など、政治の世界では脆いものである。小泉氏にコケにされた加藤氏や山崎氏は、小泉後継に福田康夫氏を擬していたようである。今回の総裁選をみていると加藤氏や山崎氏の影が見え隠れする。しかし、福田氏がリベラル派かどうかは明らかでない。リベラルな臭いを出してはいるが、これは手練手管と思われる。

私はリベラルなどということは特別なことでもなんでもないと思っている。リベラルな日本国憲法がインストールされているわが国は、いろいろな面でリベラル性をもっているのである。そのことを好ましいと評価するか、好ましくないと評価するかということだと私は思っている。好ましいと評価する者は、この傾向をさらに発展させようとする。好ましくないと評価する者は、これを阻害しようとする。戦後レジームからの脱却を訴えた安倍首相やこれを支持した者は、後者の方である。

私は、わが国の保守政治家はある程度リベラルでなければならない、と思っている。保守政治家というのは、人間が頭で考えたイズムや理屈でこの世のことを律しようとしないことにその本質があると思っている。敗戦直後の日本では自由も平等も男女平等も、憲法がそういっているだけのことであった。しかし、その憲法で六〇年以上も日本の政治は行われてきたのである。だから憲法秩序はすでに〝ひとつの現実〟なのである。

保守主義とは、現実に存在しているもの、現に存続してきたものの価値を重視する考え方である。だから私は、わが国の保守政治家はある程度リベラル性がなければならない、というのである。〝革新的〟あるいは〝革命的〟な人々は意外と思うかもしれないが、保守主義とはそのようなものなのである。お祭りの最後の日にしては、ちょっと七面倒くさいことを書いた。しかし、このように〝原理原則〟から物事をみないと事の推移は予想できないからである。

二〇〇七年九月二七日（木）No.563

## 福田内閣批判

これまで自民党総裁選などと関連して、福田首相の政治的属性を斜に構えて批判してきた。しかし、福田氏が総理大臣に就任し、福田内閣が正式に発足した以上、これに対して根本的・全面的に批判することにする。なぜならば、この内閣が私たちを支配しているからである。

福田首相は、安倍改造内閣のほとんどすべてを再任した。このことは福田首相の政治的考えを端的に示した。それは、福田首相が〝反民主的な政治家〟であることの自白である。安倍首相が結局は辞任せざるを得なかったのは、参議院選挙で示された国民の意思を公然と無視して続投をしようとしたからである。これは普通の民主的考えをもっている政治家ならば、とうてい理解できないことであり、これに従うことはできない筈である。福田首相もそのように考えていた筈である。

自民党という政党がまともな政党であるならば、自らの意思で安倍首相の続投を阻止しなければならなかった。一部には異を唱える者もいたが結局は安倍首相の続投を許した。この時点において、一人ひとりの自民党国会議員にこのことを是認するか否かという意思表示をする機会はなかった。従って、すべての自民党国会議員は不作為でこれを許した罪を負っている。しかし、安倍改造内閣の閣僚・副大臣に就任した者は、不作為の罪では済まされない。安倍首相が続投をするために作った内閣に積極的に参加したのだから、安倍首相の続投を積極的に支持した者と看做されても仕方ないと思う。

安倍首相に続投をけしかけた麻生氏の罪は重いと私は指摘してきた。本来ならば安倍後継の本目でも良かった麻生氏の包囲網が一挙にできたのは、多くの自民党国会議員もそのくらいの常識をもっていたからだと私は思った。しかし、そのようにみたのは、私の買い被《かぶ》りであった。福田首相が閣僚の大部分を再任したことを多くの自民党国会議員が評価しているようであるが、それは安倍首相の続投を支持したことと同じである。安倍改造内閣は、反民主的な安倍首相が残した醜悪な遺物なのである。それをそのまま居抜きで継承することは、安倍首相の続投を認めたと看做されても仕方ないであろう。

福田首相が安倍前首相の続投に否定的であったら、意地でも安倍改造内閣の閣僚は総取替えしなければならなかった。それが〝ケジメ〟というものである。福田首相にはそのような考えは微塵もないようである。自民党の国会議員もそのような認識はまったくないようである。公明党も同じである。福田首相や福田内閣を報道・評論するマスコミや評論家にもこういう視点はないようである。しかし、これは基本の中の基本である。ものごとの基本が分からない者が一見もっともらしいことをいっても、そんなことはほとんど意味のないことなのである。

福田首相は、もっとも悪しき意味における〝派閥政治家〟である。森、小泉、安倍、福田と四人連続して清和会という派閥から首相が選出されている。清和会という派閥は、故福田赳夫氏が創設・維持してきた派閥である。福田首相は、清和会の会長が変わっても本当のオーナーは自分であるとの意識をもっている政治家だった。私は小泉氏の二回目の総裁選の時に小泉氏を応援したが、そのとき若干福田氏と付き合った。当時の清和会の会長は森喜朗氏であったが、福田氏はオーナー然と他派閥の私に対応していた。このことは清和会の現在の会長である町村信孝氏を官房長官に任命したことからも窺える。

安倍晋三氏が総裁選に立候補することを決めた時、「麻垣康三」として総裁候補に擬せられていた福田氏があっさりと降りたのも、同じ派閥から二人も立候補することは好ましくないし、父君の作った清和会が壊れることをもっとも危惧したからであろう。多くの人々が一年前に歳だからといって総裁選を辞退した者が、さらに歳をくっているのに〝敢然と〟今回の総裁選に立候補したことが理解できないといっていた。しかし、こう考えればごく自然のことではないか。もっとも悪しき意味における派閥政治家である福田首相には、派閥の責任者（あえて領袖とはいわない）をずらりと大臣・党役員に並べることなど何らの違和感もないのである。

福田首相は、福田内閣を「背水の陣」内閣と自ら命名した。ヘマをすると自民党が政権から叩き落される危機感をこう表現したのである。自民党が政権から引きずり落されるかどうかということは、基本的には私事である。自民党という政党は、畢竟プライベート・パーティなのである。選挙で国民の支持を得てこそはじめて政権党になることができるのである。自民党が政権党であることなどアプリオリに決まっている訳ではない。

福田内閣が一生懸命に仕事をしなければならないのは、内閣が現在政権を担当しているからであって、自民党や公明党のためではない。福田内閣が一生懸命仕事をしなければならない理由が、自民党や公明党が引き続き政権党でいるためだとしたら、税金を使って来るべき総選挙の事前運動をすることを自白しているようなものである。こうしたちょっとしたことに福田首相の本性が剥き出しになるのである。品性も見識もない強欲さを暴露したネーミングである。総理大臣の一言一句は、このように厳しく批判されなければならない。私は大平正芳首相の生き方の中でこのことを学んだ。とりあえず、思い当たることを書いた。これからも具体的な例を挙げながら福田内閣を厳しく批判するつもりである。

二〇〇七年九月三〇日（日）No.566

# 選挙を目的とした連立!?

森田実氏のWebサイトを私は毎日必ずみる。相変わらず精力的に書いている。少し前だが、なるほどなぁーと思った記事があった。改めて読み直してみた。きわめて単純なことだが、非常に重要なことに気が付いた。まずは気になった記事を読んでもらいたい。

公明党には『公明』な政治姿勢を誠実に貫くことを要求したい。具体的に言えば二つある。

第一は、国民生活を破壊した小泉構造改革に積極的に協力し、推進してきたことを、はっきりと自己批判し、小泉構造改革との訣別を宣言することである。第二は、大義名分がなくなった自民党との連立を解消することである。

自民党と公明党の連立の唯一、最大の大義名分は、参議院の過半数確保にあった。参院の自民党の議席数が過半数に不足したため、数を補うために公明党と連立したのである。だが、去る七月二九日の参院選で自民・公明の合計が過半数以下になっただけでなく、民主党単独の議席数を下回った。自民党は衆院では過半数を上回る議席をもっている。これで政権は維持できる。公明党と連立してもしなくても状況は変わらない。

自民党と公明党が連立する意味も、大義名分もなくなったのである。それでも両党が離れられないほど一体化しているのであれば、合同すべきである。大義名分なき連立は、政治を堕落させる

以上は、森田実氏のWebサイト『森田実の時代を斬る』というコーナーに掲載された記事からの引用である。引用にあたり私の責任で読み易いように改行などを変更した。

ほとんどの政治評論家や政治コメンテーターが自民党と公明党の連立について口を噤んでいる中で、森田実氏は自公連立を批判をしている数少ない政治評論家である。私がハッとさせられたのは、〝第二〟の指摘である。私のように憲法論から批判してきた者にとっては、こんな単純なことを見逃していた。

そうだ。小渕首相や野中官房長官が公明党との連立に熱心だったのは、一九九八年夏の参議院選挙で自民党が大敗し、参議院で過半数を失った後であった。金融不安が懸念される中、わが国の政治に責任をもたなければならないというのが、自民党にとっても公明党にとっても国民から強い反発を受けていた自公連立を行うにあたっての最大の大義名分だった。

森田氏がいうように自民党と公明党の議席を合わせても参議院の過半数にはならない。また自民党内閣を存続させるためには、衆議院で自民党は三分の二を超える議席をもっているのだ

から、首班指名も憲法五九条二項による法律案の再議決も単独で行えるのであるから、公明党との連立は必ずしも必要ではない。

そもそも連立政権を組織するのは、原則として憲法等の規定によってひとつの政党では政権を組織できないか、政権の運営が円滑にできない場合に行うものなのである。連立政権は選挙の結果を受けたものであり、選挙を目的とするものではない。わが国に誕生した過去の連立はこのようなものであったし、諸外国の連立政権もそのようなものと承知している。このように考えると自公連立は非常におかしいものである。こんなことを踏まえて私は自公”合体“体制と呼んでいるのである。

## 〃ねじれ〃国会!?

二〇〇七年一〇月三日(水)No.569

東京は、本当に晩夏からいきなり晩秋になったようである。自動販売機にタバコを買いに出かけた。長袖のワイシャツだけで上着を羽織らなかったので、ぶるっとするような肌寒い朝であった。しかし、これはちょっとした異変のようであり、間もなく秋らしい快適な季節になると気象情報は伝えている。だから心配ない。困ったのは国会である。

「ねじれ国会」という言葉を私たちは目にしたり、耳にする。与野党の議席が衆議院と参議院で大きく異なっている現在の状態を表現する言葉である。衆議院と参議院の選挙の仕組みが異なるので、同時に選挙をしても与野党の議席比がまったく同じになるとは限らない。だから私は衆参ダブル選挙を好ましいことと考えていない。やむを得ず衆参ダブル選挙になることは激動の政治の中では時にはあるが、少なくとも企んでやるべきことではない。一九八〇年の衆参ダブル選挙は前者であり、一九八六年のそれは中曽根首相が謀りに謀って行ったものである。

憲法は衆議院と参議院で示される意思（議決）を国民の意思としている。本来ならばひとつしかない国民の意思が異なってしまうのは、選挙の仕組みと時期が違うために起こることである。従って、衆議院と参議院の意思とは、その選挙が行われた時期における国民の意思ということになる。現在の衆議院の意思は、二〇〇五年の秋に行われた選挙で示された国民の意思である。参議院の意思は、二〇〇四年と今年の夏に行われた参議院選挙で示された国民の意思である。私たちの考えが時期によって異なるように、国民の意思も時期によって異なるのはあり得ることなのである。

憲法は衆議院の議席によって示される意思と参議院の議席によって示される意思を同等のものとしている。どちらが正しいなどといっていない。ただ衆議院の議決と参議院の議決が異なった場合、国政の運営上現実問題として困ることもあるので、予算と条約の締結の承認は衆議院の議決が国会の議決となるようにしている（憲法六〇、六一条）。首相指名選挙も同じである（憲法六七条）。憲法五九条の参議院で否決された法律案の再議決は、これと同じ趣旨ではない。「衆議院で可決し、参議院でこれと異なった議決をした法律案は、衆議院で出席議員の三分の二以上の多数で再び可決したとき、法律となる」ということであり、衆議院の議決の要件が通常と異なるのである。国会の議決は、通常過半数で決せられる。

現在の国会でいろいろな案件について議決をすれば、衆議院と参議院では異なることになる。もっとも直近の国民の意思を反映しているのは、参議院の議決である。参議院は、二〇〇四年と今年の選挙で示された国民の意思を反映している。一方、衆議院選挙は二〇〇五年九月の郵政選挙で示された国民の意思を反映している。私がたびたび指摘してきたように、郵政解散は非常に問題の多い総選挙であった。衆議院の三分の二を超える議席は、小泉首相の詐術的手法で獲得したものである。

「衆議院の、しかもその三分の二を超える議席に基づく意思だ」と自公”合体“政権がいくら強弁しても、それが現在の国民の意思を反映したものだという根拠にはならない。現在の現実問題は、現在の国民の意思に基づいて解決するのが民主政治というものである。現在の国民の意思を正しく反映しているのは参議院なのである。現在政権を担当している福田内閣としては、参議院の意思を尊重しなければならないのである。低姿勢とか協調性とかの問題ではない。

国民の意見はいろいろあるが、国民の意思は国会の議決によって表されるとすれば、それをひとつのものとして捉えることはできる。ひとつのものとして捉えることができるとしても国民の意思がいつも同じであることにはならない。その〝ときどき〟の時期によって違うことはあり得ることである。私たちの意思を決定する主体が同じであっても、その〝ときどき〟に異なった判断をすることがあるのと同じである。しかし、民主政治とは国民の意思に基づいて政治を行うことに変わりはない。

「ねじる」とは、「棒状・糸状のものの両端をつかんで、互いに逆の方向にまわす。一部をつかんで無理のいくほどまわす」ことと広辞苑にはある。ねじれ国会の〝ねじれ〟は、前者の意味で使われている。国民の意思が別にねじれているのではない。そのときどきの選挙では正しい判断をしたのである。しかし、その判断が時期によって異なっただけのことなのである。国民の根性がねじれている訳でもなんでもない。どのような問題にもまったく同じ判断をする人は、信念の人かもしれないが死んでいる人なのかもしれない（笑）。

〝ねじれ国会〟といわれると国会のどちらかの議院がねじれているような印象を受ける。わが国の政治は、長い間自民党が多数派であった。また衆議院にはいくつかの優先する議決が認められている。だから、〝ねじれ国会〟というと、本来ならば衆議院で多数をもっている自民党や公明党の判断に従わず、これと違った議決をする参議院が〝ねじれている〟という印象を受ける。インド洋における給油活動は「憲法違反である」といっている小沢民主党代表の根性がねじれているような感じさえ与えかねない。

〝ねじれた根性〟をしているのは、自公〝合体〟体制である。日米同盟を錦の御旗とし、アメリカのいうことにはなんでも結構ですという自民党は〝ねじれた根性〟をしている。〝平和と福祉〟の党を標榜してきた公明党が政治の安定を錦の御旗に、自民党に追随してきたことの方がはるかに〝ねじれた根性〟をしている。憲法や戦後民主主義という現実の歴史に対して反感をもち、これを否定しようという右翼的な〝正論派言論人〟が権力に対してはきわめて迎合的であることの方が、はるかに〝ねじれた根性〟をしている。所詮は、欲得に従っているだけのことなのである。

私は公明党や〝正論派言論人〟との付き合いはあまりないが、自民党の国会議員とは選挙や政局というギリギリの局面で付き合ってきた。彼らの行動を決した卑しい根性を嫌というほど見せられてきた。「政権党の役員だ、大臣だ、国会議員だ」などとエラそうなことをいっているが、彼らの顔をじっと見ていると卑屈な表情が窺える。根性がねじれているから、正しい理念や信念に基づく者だけがもつ堂々とした気迫に満ちた表情がないのである。顔の表情は、げに心を映し出す鏡である。国会の論戦のひとつの見どころである。

# 新テロ特措法案の論戦の意義（その一）

二〇〇七年一〇月一八日（木）No.584

新テロ特措法案が閣議決定され、国会に提出された。この臨時国会は、この法案を巡っての攻防となる。この攻防は、政権交代を懸けた来るべき総選挙の帰趨と内実を決めることになる。しかし、この問題は、年金問題や大臣失言問題ほど簡単ではない。

テロと戦うこと、それ自体は多くの国民は支持しているであろう。また国際貢献も多くの国民が支持していることである。

「インド洋における給油や給水は多くの国から感謝されている。またインド洋は、日本に石油を運ぶタンカーが航行する海である。テロ阻止海上活動は、間接的にこれにも貢献している。アメリカが強く期待しており、日米同盟にとっても重要である」

と政府・与党は主張し、国民の支持を得ることはできると考えている。世論の動向は、野党が思っているほど単純ではない。

国際政治や国際条約をめぐる争点について、国民の世論が圧倒的にひとつにまとまることは特別の場合だけである。ふだんはこうした問題について、国民の意見は分かれる。私が最近ときどきもち出す安保闘争も、実は安保条約そのものではそれほど国論はまとまっていた訳ではなかった、と聞いたことがある。国民の反対運動が沸騰したのは、警察官（国会の警備員だったかな？）の力をもちいて衆議院で安保条約案を強行採決した時点であったという証言もある。〝安保反対！〟から〝民主主義を守れ！〟に主題が変わっていったという。

安保条約は、衆議院で可決しておけば三〇日で自然成立するものであった（憲法六一条）。新テロ特措法案は、こうはいかない。参議院がこの法律案を否決することはほぼ確実だ。自民党と公明党の与党は、衆議院で三分の二をはるかに超える議席をもっているので、再可決することによりこの法律を成立させることができる（憲法五九条）。しかし、この法律案に国民の支持がなければ、政治的には危険な賭けとなる。安易にこの挙にでることはできない。

従って、新テロ特措法案の不当性を国会の論戦を通じて、野党は徹底的に明らかにしなければならない。俗耳には政府・与党の言い分はそれなりに入っていく。そんなに甘く考えない方がいいと私は思っている。アフガニスタン対策に使うべき石油がイラク戦争のためにも使われていたことを徹底的に突いていく方針のようだが、それだけでは世論の動向が一挙に変わるとは思えない。やはり根本のところでインド洋における給油・給水活動が不当・違憲なことを明らかにしていかなければならない。

難しい問題に直面したときは、原理原則に立ち返らなければならない。温故知新も大切なことである。〝新〟テロ特措法案の問題を明らかにするためには、〝現――まもなく旧となる〟テロ特措法（以下、単にテロ特措法という）の問題点を明らかにすることから始めなければならない。テロ特措法は、アメリカのアフガン戦争を支援するための法律だった。しかし、当時はアメリカのアフガニスタンへの武力攻撃を冷静に議論する風潮はわが国にもなかったし、世界的にもなかった。やはりすべての問題はここからはじまり、現在の諸問題もアフガン戦争に起因している。

〈つづく〉

## 新テロ特措法案の論戦の意義（その二）

二〇〇七年一〇月一九日（金）No.585

論戦を行う場合、〝敵をして語らしめよ〞ということが大切である。特に相手がその本質において邪な場合は、このことを心がけることが有効である。自公〝合体〞政権の大臣や〝正論派言論人〞などは、その本質において邪である。以下はある〝正論派言論人〞の論説である。よく読んで欲しい。

だが私がそれよりも問題だと思うのは、小沢氏が、そもそもアフガン戦争は米国が国連決議を待たずに始めた戦争だから、日本はその軍事行動を援助することはできなかったはずだ、と主張するところである。この主張は日米同盟を根底から揺るがす。アフガン戦争はアメリカにとって自衛戦争なのである。もし同盟国の自衛戦争を助けられないならば、その同盟の意味はどこにあるのか。

なるほど日米安保条約の規定から言えば、日本は「日本国の施政の下にある領域」以外で攻撃を受けた米国を助ける義務はない。しかし、条約上の義務がないから何もしない、では同盟にはならないはずだ。安保条約は日米同盟の骨組みではあるが、体全体ではない。

9・11テロ事件が起こると、日本政府はそのことをよく考えて「米国の側に立つ」ことを明言し、憲法の許す範囲で、アフガン戦争を戦う米国の援助に踏み切った。その日本の援助は米国に感謝され、日米同盟を高次のレベルに引き上げた。もしあの時日本が、それは米国の勝手な戦争だから知らないよ、という態度をとっていたならば、日米同盟はすぐさま「骸骨《がいこつ》」になる道を歩みはじめていただろう。

論者は、坂元一哉大阪大学大学院教授である。二〇〇七年一〇月一六日付の『産経新聞』の「正論」からの引用である。まさに〝正論派言論人〟の〝正論〟そのものである。「アフガン戦争はアメリカにとって自衛戦争なのである。もし同盟国の自衛戦争を助けられないならば、その同盟の意味はどこにあるのか」というところにテロ特措法の問題が露呈しているではないか!?　坂元氏は徹底した日米同盟論者のようであるが、非常に卑屈である。私は日米安保条約はその実態においてきわめて対等であり、卑屈になったり追従する必要は全くないと考えている。

アメリカの自衛戦争に賛成・理解を示すことはその政治的立場によって自由だが、自衛〝戦争〟に加担することは日本国憲法をどう理解しようが憲法に違反する。だから福田首相も「国際治安支援部隊（ＩＳＡＦ）への自衛隊派遣は憲法上できない」といっているのだろう。ＩＳＡＦへの参加はできないが、アフガニスタンから遠く離れているインド洋ならアメリカの自衛戦争に加担することができるとすることは憲法解釈としてどう考えても無理である。ＩＳＡＦの活動もアメリカの自衛戦争の最終段階における加担である（永田町徒然草№５７８参照）。

諸外国がＩＳＡＦに参加することは、それぞれの国の憲法と政治的判断に従って行っていることである。その是非は別としてそれぞれの判断によるものであるが、わが国がそうした活動に加担したり支援することは憲法で禁止されている。憲法でそのように定めているのだから仕方ない。軍事的貢献ができないといって、そんなに萎縮する必要はないと思う。

わが国は他国が絶対にできないような国際社会への貢献をしてきたし、そのことに誇りを持てばよい。軍事的役割が現実に有効に機能していないことは、アフガン戦争をみても、イラク戦争をみてもハッキリしているではないか。新テロ特措法案の是非をめぐる議論は、このように日米安保条約や軍事的国際貢献や軍事力そのものに対する国民の理解と考えを深める戦いなのである。冷戦が終り、新しい世紀の国際秩序が形成されつつある。憲法九条をもったわが国が堂々とした政治的スタンスを確立する時代がきたのである。新テロ特措法案をめぐる論戦は、こうした大きな視野に立って行わなければならない。

## 自民党政治を倒すことはできるか？（その一）

二〇〇七年一〇月二二日（月）No.588

### 自民党政治とは!?

自民党が二〇〇八年中に終焉するかといえば、それはノーである。自民党という政党は来年中になくなることはない。そのことはハッキリと断言できる。しかし、自民党政治がどうかというとその可能性は十分あり得る。ここでいう自民党政治が自民党が中心になっている政権という意味とすればその可能性は十分ある。自民党が政権党から転落するかどうかということである。

だが本当の意味における自民党政治は、かなり前から終っているのである。読者の中には、〝何!?〟と思う人が多いであろう。正確にいうと政府＝自民党といわれた自民党政治はすでに終焉しているのである。麻雀で危ない牌を切ってそれが通った場合、「セーフ・ジミントウ」という（笑）。このことからも窺えるように自民党＝政府というのがわが国の国民の認識だったのである。このような認識が生まれたのは、当然のこととして自民党単独内閣が長く続いたからである。しかし、一九九三年の総選挙で自民党が野党になって以来、ほんの一時期を除いて、自民党単独で政権を担当したことはないのである。

## 自民党単独内閣など、今は昔

一九九四年に自社さ連立により、自民党は政権に復帰した。しかし、この時は自民党は衆議院で過半数の議席がなかった。もちろんどの政党も過半数はもっていなかった。小選挙区制の下ではじめて行われた一九九六年の総選挙は、自民党は過半数に数議席足りなかったものの圧倒的な第一党となった。しかし、単独では内閣を組織することはできず、閣外協力ではあったが自社さ連立は引き続き維持された。また自社さ連立を維持しないことには、参議院の過半数を確保できなかった。

一九九九年に野党第一党であった新進党が解党したため、旧新進党からかなりの数の衆議院議員が自民党に入党した。そのために自民党は衆議院で安定した過半数を確保することになった。このとき自社さ連立は解消された。久々に自民党単独内閣となったのである。この時の自民党総裁・首相は橋本龍太郎氏であった。

一九九八年の参議院選挙で自民党は衆参両院で過半数をもった本格的な自民党内閣を目指した。しかし、結果は大敗し、橋本首相は退陣した。その後に登場したのは小渕恵三首相であった。小渕首相は一九九九年に自由党や公明党と連立を組んだ。翌年四月に自由党は連立から離脱した。自由党の一部は保守党として連立に残留したが、この時以来自民党と公明党が政権を組織しているのである。二〇〇〇年の六月に総選挙が行われたが、自民党は公明党と一体になって選挙を戦った。以来自民党は単独で選挙を戦ったこともなければ、単独で過半数を獲得しようとする意欲すらみせない。いまや自民党と公明党の連立体制が政権を獲得しているのである。

## 大義名分を失った自民党と公明党の連立

少し詳しく政権の形＝連立形態を振り返ったのは、過去の連立にはそれぞれ事情があったことを確認するためであった。二〇〇〇年から今日まで三回衆議院議員総選挙が行われている。しかし、いずれも自民党と公明党は一体となって選挙選を戦い、その結果として過半数を確保しているにすぎない。自民党単独で戦って過半数を確保できたかどうかとなると疑問であるし、だいいち自民党は単独で過半数を確保する意欲すらもっていない。

第二次自社さ連立も自公連立も、参議院で過半数を自民党がもっていないことが大義名分だった。二〇〇七年の参議院選挙で自民党も公明党も大敗した。両党の議席をあわせても参議院の過半数には遠く及ばない。

一方、政権を組織するために必要な衆議院では、自民党は三分の二を超える議席をもっている。だから自民党単独で政権を組織できるのである。そうすると自民党と公明党との連立は、いったい何のための連立かという疑問が生じる。選挙のための連立以外にその理由は見出せない。ふつう連立政権は選挙の結果を受けて成立するものであり、選挙に勝つための連立など寡聞にして知らない。選挙のために連立を組むくらいならば、自民党と公明党はひとつの党になるべきである。そうしないと政治の無責任体制が生じることになる。自民党と公明党との連立は、政権党でいたいというだけの浅ましい強欲な連立なのである。だから私は、現在のこの連立を自公〝合体〟政権と呼んでいる。

## 敵はいったい誰なのか？

私は自民党と公明党との連立に反対して自民党を離党した。だからといって、ここで〝得意〟の公明党批判をしようというのではない。与えられたテーマである「自民党政治は終焉するのか」ということを正確に予測するためである。「自民党政治」をどのように捉えるにせよ、自民党政治が終焉するかどうかは自然現象ではない。自民党政治を守ろうとする者と自民党政治を打倒しようという者の戦いによってその帰趨は決せられる。私がいうところの自公〝合体〟政権を打倒しようという場合、敵は自民党だけではない。公明党そしてその支持団体である創価学会も敵となる。

戦いにおいては、敵の本質・力量を正しく認識しなければ勝つことはできない。敵が自民党だけだったとすれば、〝意外に話は簡単〟なのである。「セーフ・ジミントウ」というくらいである。「セーフ」とは政府であり、官僚組織のことである。伝統的な自民党の国会議員は、「我は政府なり」と思っていた。自民党の国会議員やその候補者を支援する者も、政府の一員を支援する者と錯覚していた。このようなトリックが成立するためには、政府＝国家官僚が自民党を必死に支援する場合にのみ可能となる。

自民党政権がこれからもかなりの期間続くとみれば、国家官僚は真剣に自民党議員を選挙でも日常の政治活動でもフォローする。私はこういう〝幸せな〟自民党の全盛時代を知っている。しかし、国家官僚は、自民党と命運を共にするほど自民党に忠実でもないし律儀でもない。自民党の過半数維持が難しいとなれば、必ず洞ヶ峠を決め込む。私は一九九六年の総選挙において自民党の総務局長として選挙に深く関与したが、官僚の生き様を嫌というほどみせられた。先の参議院選挙の結果をみて、次の総選挙において官僚たちは洞ヶ峠を決め込むであろう。そのときに自民党などは、いわれているほど強固ではないのである。

〈つづく〉

# 自民党政治を倒すことはできるか？（その二）

二〇〇七年一〇月二三日（火）No.589

昨日に続いて、小論「自民党政治を倒すことはできるか？」のつづきである。この小論は勢いにまかせて書いたものである。途中で字数を計算したら規定数の倍近くあった。そこでまったく新しく書くことになった。従って、この小論は本当は途中で終っている。竜頭蛇尾というか、尻切れトンボである。この小論で指摘したことは間違いないと思うが、もうひとつのことが成就したとき、自公”合体“政権を倒すことができる。それは読者諸氏で考えてもらいたい。

## 官僚たちの支援体制など大したものではない

官僚たちの支援を失った自民党の国会議員や候補者など、選挙においてそんなに強いものではない。小選挙区制の下の選挙では、かつての中選挙区時代のような強固な自民党候補者の後援会組織が育たない。それは野党にもいえることである。中選挙区時代には、同じ党の候補者同士が鎬《しのぎ》を削るのである。そのためには強固な候補者個人の後援会が必要であった。自民党は中選挙区制の下でも過半数を獲得するために最後まで複数の候補者をそれぞれの選挙区に擁立した。しかし、これを行わなかった社会党は足腰の強い政党ではなくなっていった。

後援会組織とは、選挙戦を戦うための政治組織である。しかし、官僚が影響力を行使できる各種の団体・組織は、そのようなものではない。いうならば利益団体にすぎないのである。官僚もそのことを承知していて自民党を応援してもその団体や自らの利益にならないと判断すれば、支援態勢を組まないしその団体そのものも動かない。やったとしても面従腹背の支援である。

しかし、創価学会は違う。創価学会は、政治戦や選挙戦を行える組織である。創価学会が宗教団体であることは否定しないが、この宗教団体は並みの政党以上に立派な政治戦や選挙戦を行える団体であることを認める人は多いのではないだろうか。それが憲法上問題であったとしても、事実は事実として認めなければならない。

## マスコミに対する創価学会の影響力

創価学会が本気になって自民党を支援しようとした場合、その力を無視することはできない。創価学会が公明党を実質的に支配していることは多くの人々が認めるところだが、創価学会イコール公明党ではない。創価学会は公明党などとは違う組織と資金力と影響力をもった団体である。

創価学会は、まずマスコミに大きな影響力をもっている。現代の選挙においてはその是非は別として、マスコミの報道のあり方が選挙に対して大きな影響があることは誰も否定できないであろう。創価学会は大きな資金力と組織と人的ネットワークにより、マスコミに対して大きな影響力をもっているのである。暴政に近いと呼ぶことができる現在の自公〝合体〟政権の政治のあり方に、かつてのようにマスコミが批判をしないのは創価学会のマスコミに対する影響力のためであろう。自公〝合体〟政権に対する批判は、創価学会に対する批判に通じる。批判を一切拒否することは、創価学会の特質として広く知られていることである。

自公〝合体〟政権を倒すためには、このカラクリを知らなければならないのである。このカラクリを阻止するためには、創価学会・公明党の政権参加を批判するしかないのである。それを行うと創価学会から激しい攻撃を受けることは避けられないが、そのことをしない限り創価学会のマスコミに対する影響力の行使は決して止まない。マスコミによる世論操作を放置しておいて、時の政権を倒せると考えることは児戯にすぎない。

## 創価学会が好きでない人は、非常に多い

自公〝合体〟体制が定着してからの創価学会の自民党に対する支援は、〝いじましい〟ほどである。最近の選挙の世論調査などをみていると元々の自民党支持者よりも公明党支持者の方が、自民党候補者に投票する比率が高い。これは投票行動だけではないのであろう。選挙には多くの人手が要る（ポスター貼り、シール貼り、電話作戦、宛名書きなど実に多くの人手がいるのである）。こういう選挙運動にも自民党候補者は創価学会に依存しているのではないか。

かつての自民党候補者の後援会は、候補者のためなら〝火の中、水の中〟を厭《いと》わず活動した。小選挙区で当選した多くの自民党国会議員には、もうこのような強固な後援会組織はなくなってしまったのではないか。それを補ってくれているのが各選挙区の創価学会の組織なのであろう。だから自公〝合体〟体制に対する懐疑や批判が自民党の中から一切でないのである。しかし、このことが強い後援会組織の力を弱めているのである。選挙の組織というのは、苦しい戦いを積み重ねることによって築き上げられていくものなのである。

自民党の支持者も一般の有権者も、本音では創価学会が好きではない。反創価学会の人というのは、一般に考えられるよりはるかに多いのである。公明党が政権入りしても、衆議院選挙や参議院選挙の比例区での得票が思うより伸びないのはそのためであろう。

自民党の候補者が創価学会に依存して選挙を行うことは、一時的・短期的には有効なのであるが長期的は自力を削いでいるのである。多くの自民党の候補者はこのことに気が付いていないようであるが、創価学会がいつまでも支援してくれる保障などどこにもない。公明党との連立が解消されたとき、自民党の候補者の組織は考えられないほど脆弱になっているであろう。

## 政権交代への〝本気度〟のバロメータ

自民党政治を終らせるためには、創価学会・公明党との戦いを覚悟しなければならない。なぜならば、自民党政治などどこにもなく、いま私たちの眼前に存在するのは自公〝合体〟政権だからである。自公"合体"政権が倒されたときに、創価学会・公明党が自民党から離れることはほぼ確実である。しかし、自公"合体"政権が倒れるその時まで、創価学会・公明党は自民党から離れないであろう。自民党と創価学会・公明党は"合体"しているからである。創価学会・公明党との戦いを避けて自公"合体"政権を倒すことは事実上あり得ないであろう。

最近民主党の小沢代表は、自公連立政権である以上誰が首相になってもそのような政権を倒すといっている。共産党も現在の政権を自公政権と呼ぶようになった。これは創価学会・公明党との戦いを避けて、現在の政権を倒すことはできないと考えているからだと思う。

今回の参議院予算委員会の質問で石井一議員がP献金のことを質問した。私もその質問をみたが、議場は騒然とし冬芝国土交通大臣は「あなたはもしP献金なるものが出鱈目だとしたら、議員を辞職するつもりはあるんですか。これはそういう重大な問題ですよ」と気色ばんでいた。石井議員は国会対策委員会とある程度は相談した上で質問しているのであろう。良い傾向である。今後の推移を注目してみたい。

## 小沢氏の民主党代表辞任⁉

二〇〇七年一一月四日(日)No.603

小沢民主党代表が代表の職を辞することを表明した。誰が引き止めてももう辞職以外の道はないだろう。わが国の政治は、混迷する可能性がある。だからといって、これまでの政治の流れは変えてはならない。いよいよ正念場である。

小沢民主党代表は今回の党首会談や大連立をめぐる報道機関の報道に抗議する意思もあるといっていた。わざわざ『朝日新聞』と『日本経済新聞』を除外していた。ということは、今日の『讀賣新聞』の一面トップの次の記事を全否定したということであろう。

## 「大連立」小沢氏が提案――「絶対党内まとめる」

二日の福田首相と小沢民主党代表の会談で、議題になった自民、民主両党による連立政権構想は、実は小沢氏の方が先に持ちかけていたことが三日、複数の関係者の話で明らかになった。

「大連立」構築に向け、小沢氏がカギと位置づけたのは、自衛隊の海外派遣をめぐる「原理原則」だった。

関係者によると、小沢氏は当初から、首相側に連立政権の考えを持っていることを内々伝えていたという。

二日午後三時から行われた会談で、首相は新テロ対策特別措置法案への協力を要請。これに対し、小沢氏は「自衛隊派遣には原理原則が必要だ」と主張した。

さらに、自衛隊の海外派遣のあり方を定める一般法（恒久法）について、『派遣は国連決議に基づくものだけに限る』と決めて欲しい」と求めた。内容の検討は、「内閣法制局に頼らない方がいい」などとも注文した。

首相は「与党が納得するかどうか確認したい」と答え、休憩を取ることにした。直前に、小沢氏は「それさえ決めてくれれば、連立したい」と述べ、連立政権への参加を持ち出したという。

連立参加は、首相の方から要請した形とすることも小沢氏は求めた。民主党内の説得に有利と判断したと見られる。

会談が六時半から再開したところで、首相は小沢氏の主張に沿った文書を手渡した。小沢氏は「これで決める。（連立参加で）私が党内をまとめます」と明言。首相が「大丈夫ですか」と問いかけると、小沢氏は「絶対にまとめます」と重ねて強調した。

そもそも、一〇月三〇日の最初の党首会談を持ちかけたのも小沢氏の側だった。打診は一〇月半ば。三〇日の会談では、二日の再会談を確認するにあたり、三一日の国会の党首討論をどうするかが話題になり、首相は予定通り行うことを主張したが、小沢氏は難色を示し、延期が決まった。

私はこの記事で書かれていることが事実だとしたら、小沢氏は民主党代表を辞任するに値すると思っていた。しかし、そうではないようである。「自衛隊の海外派遣は国連決議に基づくものだけに限る」ということだけでも政策協議――連立を議論する価値はあると考えたようである。また民主党がマニフェストに掲げた農家の所得保障などの政策を実現できるのであれば、民主党に投票してくれた国民の期待に応えることになるのではないかと述べていた。小沢氏らしい考え方である。

小沢氏のこれまでの政治的言動は、それなりの理屈があった。しかし、小沢氏は理屈あるいは論理を重視しすぎるきらいがある。政治も世の中も〝理屈〟だけでは動かない。また〝理屈〟よりもっと高度な〝理論〟が必要なのである。ましてや政治理論が必要なのである。政治理論は感性やプロセスにも価値をおかなければならない。私も理屈を大切にする方だが、私が重視するのは政治理論である。若いときから自民党政治家として生きてきた小沢氏と社会運動や政治運動をしてきた私の違いである。

小沢氏が民主党に投げかけた問題は大きい。感情論でこれを拒絶しただけでは済まない。政権を獲得するとはどういうことか、政策を実現することとはどういうことか。大きな問題の提起をしているのである。これに応え、小沢氏の〝理屈〟を乗り越えていく代表を選出していくことは至難の業である。しかし、そのような代表を選出する以外に民主党の歩む道はない。またそのようなリーダーによって、政権交代ははじめて成し遂げられる。これからの民主党の動向に注目しなければならない。

# 小沢氏に贈る私のエール！

二〇〇七年一一月七日（水）№606

昨日、小沢民主党代表問題は解決した。私はこれで良かったと思う。月並みないい方だが、「災いを転じて福となす」である。いちばん注意しなければならないことは、この問題で自公”合体“政権を倒すという本来の目標と道筋を忘れたり、その戦線を乱すことだと思う。野党第一党の党首ではあるが、たかが野党党首が辞めるとか辞めないなどということは、どだい大した問題ではないのだ（笑）。大切なことは、自公”合体“政権を倒すこと、ただその一点である。

私はこれまでの小沢一郎という政治家の行動パターンからして、小沢氏が辞意を撤回するとは思わなかった。小沢氏は、「大変ご苦労かけた。感謝している。本当に恥をさらすようだが、皆さんの意向を受けてぜひ、もう一度がんばりたい」と話し、辞意を撤回したという。小沢氏の生き方からすれば、それこそ〝生き恥を晒す〟毎日になるであろう。小沢氏は本当に変わったのである。

仮となったが、民主党挙げて辞意の撤回を求めたのに小沢氏が辞意を撤回しなかった場合、民主党は計り知れないダメージを負ったと私は思う。まずそのことを考えてもらいたい。小沢氏が辞意を撤回しこれからも続投することになったのだから、今回のことをキチンと総括し、今後の戦いに活かせばよい。いま議論すべきはそのことだけである。何をどのように総括すればよいのか、どこをどう改めたらよいのか、今後の戦いに活かすとはどういうことをいうのか。これらのことは、小沢氏や民主党の推移を見ながら追々と述べることにする。

これから小沢氏や民主党に対する執拗な攻撃が続くであろう。もうさっそく始まっている。私は政治生活の大半を小沢氏と戦ってこざるを得なかった。私は政治評論家や〝小沢氏のその時々の取り巻き〟がいうほど、小沢氏を過大に評価はしてこなかった。本当に小沢氏がこういう輩がいうほど大政治家だったとしたならば、私は戦いに敗れ、いまこうしていることもできないであろう。長い間小沢氏と正面から戦ってきた者として、小沢氏を過大に評価していないし、それと同じほど過小に評価もしていない。

しかし、自公〝合体〟政権を倒すという現在の戦いにおいて、小沢民主党代表は〝重要な人物〟なのである。私にいわせれば〝生き恥を晒しながら〟小沢民主党代表が自公〝合体〟政権との戦いを続けることにより、小沢氏は本当の人物・政治家になると思っている。試練が人間・政治家を鍛えるのである。小沢氏に罵詈雑言をいいたい者にはいわせておけばよい。そんな輩は、ただの一度も自公〝合体〟政権と命を張った戦いをやったことなどないのだ。〝生き恥を晒しながら〟頑張る小沢民主党代表に、私は心からのエールを贈る。

## 国益を損なう愚挙!!

二〇〇七年一一月二一日（水）No.620

久々に自公"合体"政権に対し、強い憎悪を覚えた。この政権は、わが国の国益を平気で損なう愚かな政権である。こんな政権にわが国の政治を委ねていては、わが国は衰退する。一日もはやく自公"合体"政権は打倒しなければならない。昨日から実施されることになったわが国を訪問する外国人から指紋を採取し、顔写真を撮るという愚挙のことである。

**外国人の指紋採取を開始――「テロ脅威」「強制、最悪」**

日本に入国する外国人に指紋採取と顔写真撮影に応じることを義務づける制度が始まるのを前に、鳩山法相が一九日、成田空港第一ターミナルの新しい入国審査システムを視察した。プライバシー侵害の懸念などから市民団体による反対運動が高まっていることに対し、法相は「テロは大きな脅威。価値の比較考量の問題で、我慢していただくしかない」などと理解を求めた。

制度は二〇日から全国二七空港と一二六海港で一斉に始まった。在日韓国・朝鮮人ら特別永住者と外交・公用の人を除く、一六歳以上の外国人が対象だ。

鳩山法相は視察後、報道陣に「アルカイダの関係人物が日本に何回も入国した事実がある。そういうことを防ぐ効果はあるだろう」と意義を強調した。

一方、国際ＮＧＯのプライバシー・インターナショナル（本部・ロンドン）は一九日、欧米やアフリカ諸国など約七〇の市民団体の共同署名で「指紋採取の強制は世界で最悪の国境管理だ」とする声明を法務省と鳩山法相にあてて送付した。

ピースボートやアムネスティ・インターナショナル日本なども都内で合同記者会見を開き、「『外国人の問題』と見過ごされがちだが、日本が導入すれば他国も追随し、日本人も指紋を採られるようになりかねない」と制度の見直しを求めた。

（asahi.com 二〇〇七年一一月二〇日六時二六分）

鳩山法相は「テロは大きな脅威。価値の比較考量の問題で、我慢していただくしかない」など理解を求めたという。外国人の指紋と顔写真をとることによりいったいどのような価値が得られるのか。このような制度を実施することにより何が失われるのかということが、法相は全然分かっていないのである。この大臣は〝蝶〟のことしか本当は興味がなく、人間社会のことが全然分かっていないのである。蝶バカといっても差し支えなかろう。福田内閣には、兵器バカの大臣もいる。マスコミバカの大臣もいる。記憶バカの大臣もいる。政治音痴の首相がトップなのであるから仕方ないのであろう。

原則としてその国を訪問する外国人から指紋と顔写真をとるなどといった愚挙を行っている国は、アメリカとわが国だけである。その理由は、テロ対策である。私はテロを是認する者ではない。しかし、わが国にどのようなテロが行われるという具体的な危険性があるというのだ。国際的なテロ組織が存在している以上、一般論としてはわが国にもテロが起こる危険性はある。ましてや、廃止されたとはいえテロ特措法に基づきアフガン戦争＝アルカイダ撲滅戦争に加担したわが国がアルカイダの標的になることは十分あり得ることだ。

いつもいっているように政治は、〝具体的状況を具体的に分析〟して行わなければならない。国際的テロを防止する上で、今回の措置は一般論として効果がない訳ではないだろう。しかし、国際的テロ組織がテロを実行するために、わが国がすでに指紋と顔写真をもっている実行犯人をわが国に潜入させるだろうか。そんな間抜けなテロ集団が行うテロなど大したものではないだろう。わが国はそんな間抜けなテロ集団を想定してテロ防止策を考えているのだろうか。まったくお話にならない。一〇万円以上の送金に一定の制限を設けたのと同じ類である。

私はこれまで何十カ国に行っている。入国に際し指紋や顔写真を要求する国があったら、余程の必要性がある場合しか私は訪問したいとは思わない。あなたはどうであろうか。これは職務質問に対する対応と似ている問題である。「自分にやましいところがなければ積極的に協力すればいいではないか」と考える人は、これから私が述べることを読む必要はない。要するに価値観が違うのだからしょうがない。

指紋や顔写真をとる（指紋は採るだし、写真は撮るなので「とる」と書く）というのは、犯罪摘発のためである。今回のわが国の制度もそのためだと当局はハッキリと言明している。わが国に入国を求める外国人の指紋と顔写真をとることは、犯罪者のそれと対照するために行うのである。言葉を換えていえば、一応犯罪者の可能性があるとして行う措置である。仮にも自分を犯罪者とみなす国に、人々が好い気持ちをもつ筈がない。そんな国には行きたくないと思う人がいるのは仕方ないであろう。その割合がどのくらいあるか、私には分からない。しかし、ゼロではないことだけは確かであろう。

わが国は観光立国を目指すといっている。この方針に私は大賛成である。観光産業こそ〝文化産業〟であり、わが国がこれから力を入れなければならない重要な産業なのである。またわが国を訪れる人々を増やすことは、わが国に対する理解を深めてもらうこととなり、外交戦略上もきわめて重要なのである。わが国の古い文化は、貴重なものである。また日本人の way of life は、省資源時代に参考になる貴重なものがいっぱいあると私は確信している。日本食は、その代表である。鉄道網が張りめぐされたメガロポリスも世界各国の巨大都市の参考になると思う。

しかし、私がもっとも観てもらいたいのは、わが国がアジアでもっとも自由な国として発展してきたことである。わが国の繁栄は、自由主義の素晴らしさを示すモデルなのである。アジア諸国の経済的発展には目ざましいものがあるが、その運営のシステムは脆弱なものが多く、持続して発展する上で大きな危惧がある。わが国がいろいろな困難に直面しながらも、長期間にわたり経済的発展を持続できたのは、自由主義的な経済システムなのである。政治的な自由主義がなければ、経済的な自由主義は絶対に無理である。政治的自由を否定しながら経済的自由主義＝市場主義で経済を発展させようとしている中国の経済発展は、その矛盾を抱えている。

自公〝合体〟政権が誕生してから、上記で述べたようなわが国の誇るべき点が怪しくなってきたことは事実である。そのことを私は憂いているが、完全になくなった訳ではない。しかし、外国人から入国に際して指紋と顔写真をとるという今回の措置は、わが国が自由主義国家であることを放棄すると内外に表明するものである。基本的人権は、そもそもグローバルなものである。従って、〝真に特別の已むを得ない理由〟がない限り、外国人の基本的人権も尊重されなければならない。

テロ防止などといった一般的な理由は、形式的にも実質的にも〝真に特別の已むを得ない理由〟とはいえない。またわが国が文化産業として育てなければならない国際観光政策に明らかに反し、この発展を阻害すること著しいと私は考える。イギリスやフランスを見よ。観光はこれらの国にとって重要な産業以上のものである。明治以降わが国の近代化の結果築かれてきたものを含めて、先人が私たちに遺してきてくれたものは国民の財産なのである。この文化的な遺産を活用することは、文化大国だけができる文化産業なのである。この産業の芽を摘み、これからわが国に国富をもたらす産業を破壊することは、愚挙である。暴挙である。

ヘミングウェイの『誰がために鐘はなる』をもち出すまでもなく、今回の措置の実施は、国民の基本的人権の尊重の上でも必ず大きなマイナスとなる。刑事司法の上で基本的人権が大きく後退していることは、いまや司法関係者の共通の認識である。今日のasahi.comに「冤罪県議のアリバイ、逮捕直後に把握　鹿児島県警警部ら」という驚くべき記事があった。一事が万事、自公”合体“政権のやることはこのように出鱈目なのである。この国を自公”合体“政権にまかせておくことは、もう危険である。国富と国民の利益が日一日と失われている。

## 自由な国とは⁉

二〇〇七年一一月二二日（木）No.621

Googleで久々に「職務質問」を検索してみた。第一位はWikipedia※の「職務質問」だが、依然として私の職務質問に関する記述が第二位にある。私の職務質問に関する記事は、私の体験談を書いたものであり、いわゆるノウハウものではない。特に「忍び寄る警察国家の影」はかなり長い読み物である。しかし、このページから私のサイトにアクセスする人が、いまでも毎日一〇〇人以上もいる。これは喜ぶべきことなのか、悲しむべきことなのか……。

いま全国で毎日多くの職務質問が行われている。私にいわせれば、その大半は職務質問に要求されている要件がないものだと思う。細かい法律論は分からなくとも、多くの人々が不当と思い、不快感をもつのだろう。こういう人がGoogleで職務質問を検索し、私の記事を知り興味をもって読むのだろう。ただ実際には、ほとんどの人が不当もしくは不快に感じても、職務質問に応じているのだろう。職務質問でいちばん多いのは、私がやられたように「ポケットの中を見せてほしい」とか「カバンの中をみせてほしい」というものであろう。「怪しいものがなかったら、見せて下さい」というのである。これが「見せられないということは、怪しいものを持っているからでしょう。ますます見せてもらわなければなりませんね」となる。

多くの〝善良〟な人々は、「怪しいものをもっていないのなら警察に見せてあげればよいじゃないか」という。問題は、ここにある。しかも、その根は深い。自由主義国家における〝国家と国民の関係〟という基本に関する問題なのである。自由主義国家では、「国民は国家からも自由である」というのが基本である。「国民は国家からも自由である」とは、国民は理由がなければ国家に拘束されない」ということである。「拘束される」とは、身体の拘束＝逮捕拘禁＝身体検査されることだけではなく、経済的活動においても社会生活の上でも精神的にも拘束されないということである。国家がこの自由な活動を制限するためには、法律による根拠が求められる。

職務質問で警察官がいう「怪しいものがなかったら、見せて下さい」ということだが、〝自分が怪しい者か、怪しい者でないか〟を国民は国家に証明する義務はないという大原則に反することなのである。国家が「怪しい」とするならば、法律に基づいて「怪しいこと」を取り締まればよいのである。逮捕・勾留や脱税調査をすればよいのである。そのために法律は、いろいろな権限を国家に与えている。もちろん国民の自由を制限するのであるから、一定の要件が求められる。「怪しいものがなかったら、見せて下さい」ということは、この一定の要件を飛び越えて行うことなのである。突き詰めると、「国民は怪しくないことを自ら国家に証明しなければならない」ということになるのである。

刑事訴訟で、「〝不存在の証明〟はできない」という大原則がある。〝○○でない〟ということを証拠をもって証明することはできないということである。唯一の例外が〝不在証明＝アリバイ〟である。犯罪が行われた日時・場所にいなければ、犯罪を実行することはできない。ただし共謀共同正理論を安易に認めれば、その場合でも〝ない〟ことの証明にはならない。共謀共同正犯を認めるかどうかは、刑法の共犯理論をめぐる大きな問題である。いま国会には、テロ対策の一環として自公〝合体〟政権が成立させようとしている「共謀罪法案」がある。わが国の最高裁は共謀共同正犯をみとめているが、それでもかなり厳格な要件が求められる。共謀罪法案は、それをズブズブに緩和しようとするものである。

＊

閑話休題。なぜ国民は自らが怪しくないことを国家に証明する必要はないのか。それは自由な国家だからである。自由でない国では、国家が怪しいということで多くの国民を拘束したり、殺害してきた歴史があるからである。現在でも自由でない国では理由なく多くの国民が拘束されたり、殺害されている。自由な国であるということは、このようにきわめて重要なことなのである。多くの〝善良〟な人々のいう「怪しいものをもっていないのなら警察に見せてあげればよいではないか」ということは、自由な国の根本を否定することになるのである。〝善良〟な人々に、本当にそれでいいのですかと私は問いたい。

治安が悪化している。重大犯罪が次から次へと起こっている。だから警察がある程度強引なことをやっても仕方ないではないかという雰囲気がある。警察に協力しなければ治安を守ることも、重大犯罪の防止もできないではないかという人は多い。しかし、治安が悪化し、重大犯罪が多発するようになった根本原因は、どこにあるのだろうか。それは政治が悪かったからであり、警察の捜査能力が劣化したからである。犯罪の最大の防止策は、昔も今も検挙率の高さである。わが国の警察の捜査能力は、なぜ劣化したのであろうか。次の私宛のメールを読んでいただきたい。

新潟県上越市出身　東京都在住の二〇代会社員／女性です。「忍び寄る警察国家の影」を読みました。

今月初め、駅で暴行を受けましたが、警察の異常な対応に苦しみ、インターネットで辿り着いたのが、白川さんの論文でした。

警察との正しい対処の仕方、を学ばせて頂きました。しかし、「悲しい現実」が何の進歩もないまま、蔓延る日本、東京であることも痛感しました。事件後の私にとって、今まで全幅の信頼をおいてきた警察に裏切られたことは、立ち向かう気力も体力もそぎ落とされるほどの、精神的苦痛でした。昨日、苦痛から逃れたい一心で、正義の道をあきらめました。

そんな私に、先生の論文が語りかけてくれたかのように、感じました。本当にありがとうございました。今後も応援しています、がんばってください。

このメールの主の女性がどのような暴行を受けたのかは定かでない。しかし、私の「忍び寄る警察国家の影」が何かの参考になったということは、警察の対応にかなり問題があったのだろう。私がもっとも着目している点は、「今まで全幅の信頼をおいてきた警察に裏切られた」というところである。不当もしくは不適切な職務質問を受けた多くの国民が抱く感情も同じであろうということである。なお、この女性の出身地は、私のかつての選挙区である。二〇代だそうだが、きっと子供ながらに私のことを知っていたのだろう。

〝全幅の信頼〟をもたれているから、警察は国民の協力を得ることができるのである。国民から信頼されない警察は、無力である。警察は権力の中の権力である。権力は自らの力を過信するものであるが、国民の支持のない権力など、無力なものである。私は政府＝自民党と名実共にいわれてきた自民党に長く籍をおいた。選挙という洗礼を受けなければその籍に留まれない者だから、嫌というほどそのことを知らされた。国民の信頼を失ったとき、政党や政治家は権力の座から放擲される。警察の検挙率が下がるのは、選挙でいえば得票が減少しているようなものであろう。選挙では政権党が権力党であることを嵩にきれば、ますます逆効果になる。それは警察権力も同じである。

国家公安委員長のときから私の主張は一貫している。強い警察になるためには、国民から信頼される警察にならなければならないということである。国民の警察に対する信頼がなければ、捜査についても国民の協力は得られない。国民の協力とは、捜査に関する情報の提供である。国民から情報を得られなければ、犯人を検挙することは困難となる。繰り返す。国民の信頼を失った権力は、無力である。わが国の警察は、国民の信頼を損なうようなことを日々平気で行っている。もっと悲しいことは、そのことにまったく気が付いていないことである。警察を政治的に指導すべき自公"合体"政権が同じなのであるから、仕方がない。自公"合体"政権がわが国を支配している弊害は、こうした面からみても大きい。

※ Wikipedia インターネット上のフリー百科事典。世界中の有識者によって編纂されており、誰でも無料で利用できる。

# 第3章

# 白昼堂々の三〇兆円強奪

## ——炎上!! ガソリン税国会

# 〝暫定税率〟延長反対——六八％！

二〇〇七年一二月五日（水）№634

昨日紹介した『朝日新聞』の世論調査の記事にもうひとつ注目すべきものがあった。ガソリンに対する暫定税率についての賛否である。暫定税率を「続けるべきだ」二一％に対し、「やめるべきだ」が六八％と大きく上回った。これを見逃すようでは、野党はその政治的センスを問われる。

ガソリンの暫定税率は、いわゆる道路特定財源を論じる場合の象徴的なテーマである。いわゆる道路特定財源とよばれる税は、揮発油税・石油ガス税・自動車重量税・軽油引取税・自動車取得税など各種あり、その根拠法が違うため本格的に論じるとなるとなかなか厄介である。ここでは、道路特定財源の中核ともいうべきガソリンに対する暫定税率を中心に論を進める。少し細かくなるが大切なことなので、ご辛抱願いたい。

ガソリン税とよくいうが、正式にはガソリン税という税目はない。ガソリン税とは、ガソリンに対して課せられる「揮発油税」と「地方道路税」を合わせた通称である。揮発油税の歴史は古く、揮発油税法が制定されたのは一九三七年に遡る。一方、地方道路税は、国が地方自治体に対し道路建設の財源を譲与することを目的として、一九五五年に制定された地方道路税法に基づき創設された税である。地方道路税という名称であるが、れっきとした国税である。国税として徴収された後、その全額が地方道路譲与税として地方公共団体に配分される。

揮発油税の根拠である揮発油税法に基づく本来の税率は、ガソリン一リットルあたり二四・三円であった。また地方道路税の根拠である地方道路税法に基づく本来の税率は、ガソリン一リットルあたり四・四円であった。合計すれば、一リットルあたり二八・七円であった。ところが、一九七三〜七七年度の道路整備五ヵ年計画の財源不足に対応するために、一九七四年度から二年間の「暫定措置」として租税特別措置法で揮発油税が一リットルあたり四八・六円、地方道路税が一リットルあたり五・二円に引き上げられた。合計すると、一リットルあたり五三・八円となった。これが現在のガソリンに対する暫定税率である。以来三〇年間あまり租税特別措置法の延長を繰り返し現在に至っている。

しかし、テロ対策特別措置法と同じで、租税特別措置法のガソリン税に関係する部分が二〇〇八年三月三一日までに延長されなければ、ガソリンに対する税率は、根拠法で定められている本来の税率に自動的に戻ることになる。これを俗に本来税率もしくは本則税率という。端的にいうと、一リットルあたり二五・一円もガソリンが安くなるのである。そのかわり、いわゆる道路特定財源は少なくなる。道路特定財源は二〇〇七年度ベースで総額五兆六一〇二億円であるが、ガソリン税はそのうちの三兆一四六七億円を占める。租税特別措置法でガソリン税の暫定税率の延長がなされなければ、ガソリン税の税収は一兆六五五二億円となる。実に一兆四九一五億円の減収（道路特定財源に占める割合は二六％）である。

だから道路族は大騒ぎなのである。国土交通省も死活に関することと捉えている。道路建設は建設業者にとっていままでも大きな割合を占める仕事であろう。だから、この問題は国会や霞ヶ関では大騒動になるのである。しかし、ガソリンや自動車に絡む税金で国民も大変なのである。特に公共交通手段が不便な地方では自動車に絡む負担は死活問題なのである。こういう場合、何を中心において問題を解決することが大切なのかということである。いうまでもなく国民＝納税者の利益である。道路特定財源とよばれている自動車に絡む税金を納税しなければならない自動車の利用者＝国民は何を望んでいるかということである。

道路の整備は、自動車の利用者が望むところである。しかし、ガソリンをはじめとして自動車に関する負担ができるだけ少なくてすむことも自動車の利用者が望んでいることである。いまやただでさえいろいろなハンディがある地方において、自動車がなければ実際問題として生活し難くなっているのである。その地方の人々の願いがどのようなものか、真剣に考えなければならない。道路は整備して欲しいが、ガソリンも安くして欲しいというものであろう。率直にいっていまや後者の方の比重が明らかに大きくなっている。地方の道路もかなり整備されてきたからである。道路特定財源はその役割を立派に果たしてきたのである。

こうなったら「カエサルのものは、カエサルに返せ」である。自動車の利用者が払う税金に関する問題は、自動車の利用者が望むことに従って決せられなければならない。自動車の利用者は、道路整備はもうほどほどでいいからガソリン税をはじめとする自動車に絡む税を少なくして欲しいと望んでいるのである。だからガソリン税の暫定税率はもうやめて、本来の税率に戻すべきなのである。そうしたところで、まだまだ自動車に絡む税金は相当にとっているのである。それらで必要な道路整備は十分に行うことができる筈である。

これがガソリンの暫定税率の問題である。きわめて簡単な問題なのである。これと道路特定財源の一般化の問題は、まったくの別次元の問題である。道路を整備するために徴収した税金を他の目的のために使っていいのかという問題である。これは、そもそも税金とは何か、目的税とは何かということを議論することである。そのことは、別に論じなければならないと思っている。この問題もそれほど難しい問題と私は思わない。少なくとも野党が「道路を整備するために徴収した税金を他の目的のために使ってもいい」と主張することが良いとは思わない。いまのところすべての野党が「道路特定財源の一般化に反対する」とはいっていない。むしろ賛成といっているのである。本当にそれで良いのか？

# どうしようもない〝与党ボケ〟

二〇〇七年一二月七日（金）No.636

自民党も公明党も、与党ボケをしているようである。いっぽう、野党は相変わらず〝野党根性〟が直らないようである。政治などというのは、決して難しいものではない。要は、国民の利益を守ることであり、国民の願っていることを実現することである。毀誉褒貶を自らが負うことを覚悟して現実をひとつでも変えていくことが、〝政権担当能力〟なのである。いまいろいろな問題でそのことが具体的に問われている。

**道路特定財源、暫定税率一〇年維持　自公合意**

来年度予算編成に向けた道路特定財源の見直しをめぐり、自民、公明両党は六日、本来の約二倍に引き上げられている暫定税率を〇八年度から一〇年間は維持したうえで、道路歳出を上回って一般財源化される税収の使途に、環境目的を盛り込むことで合意した。この一〇年間の道路整備中期計画については、国土交通省が素案で示した六五兆円の道路整備費を六兆円減額することで一致。地方の道路整備のため、自治体に対する無利子貸付金制度を創設するほか、自治体への補助率をかさ上げする。七日に政府・与党で最終決定する。

一般財源化の規模は、道路整備費を圧縮したことで、今年度の一八〇〇億円を上回る額が確保できる見通し。ただ、昨年末に閣議決定した「真に必要な道路整備は計画的に進める」との考え方は維持され、道路整備の無駄遣いを改める仕組みは不十分なままだ。道路整備費と道路関連事業費を除いた一般財源部分でも、福田首相が重視する環境対策への充当を打ち出したことで、使途が縛られる可能性もある。

道路関連事業費としては、原油価格の高騰を背景に、一〇年間で二・五兆円を高速道路料金の引き下げなどに回すほか、地方対策として、財政状況の苦しい自治体向けに無利子貸付金制度を新設するほか、道路整備臨時交付金から自治体に支出する補助の割合を現行の五五％から最大七〇％にかさ上げする。

道路特定財源の暫定税率をめぐっては、公明党が自動車重量税（自重税）の引き下げを強く求めたが、自民党が拒否。道路整備中期計画（〇八年度から一〇年間）の期間中は暫定税率を維持することになった。公明党の求めに応じて、今後の税制の抜本的な改正に合わせて「暫定税率を含めて自動車関連諸税を総合的に見直す」ことを盛り込んだが、暫定税率の廃止につながるかどうかはわからない。

（asahi.com 二〇〇七年一二月七日二時三〇分）

ちょっと長くなったが、asahi.com からの引用である。この記事には実に論点が多くある。

それらをすべて取り上げることはとてもできない。主な論点だけを取り上げる。まずガソリン税の暫定税率をはじめとする道路特定財源の原資である自動車重量税などの暫定税率を、今後さらに一〇年間延長することである。これらを決めている租税特別措置法の延長に野党の賛成を得て参議院で可決されるか、衆議院で与党が三分の二を使って再可決しない限り、ガソリン税は自動的に本則税率に戻るのである（永田町徒然草№６３４参照）。道路特定財源といわれている石油ガス税、自動車重量税（車検時に納める税金で毎年納税する自動車税とは異なる）、軽油引取税、自動車取得税はそれぞれ根拠法が異なるためガソリン税と同じではないので注意されたい。

次に問題とすべきは、与党が暫定税率を一〇年間〝維持〟するとしたことである。まぁ、租税特別措置法で一〇年間延長することはできるが、普通は一年とか三年とか期間を限定するのが租税特別措置法の通常の規定の仕方である。現在の暫定税率を一〇年間も続けるというのであれば、ガソリン税の根拠法である揮発油税法と地方道路税法の税率を改めるべきなのである。それにもうひとつ看過できないことがある。与党は確かに再可決で法律を定めることが可能だが、それはあと一年数ヶ月でしかない。

次回の衆議院選挙で自民党と公明党が三分の二以上の議席を獲得することはまず不可能であろう。現在たまたま衆議院で三分の二を超える議席をもっていることを奇貨として、二〇〇八年四月から一〇年間の税金を決めてしまおうという態度である。二〇〇八年四月から数えれば、衆議院の任期は一年五ヶ月しかない。駆け込みのボッタクリの発想である。実に浅ましい。国民も野党も、このことに強い怒りをぶっつけるべきである。直近の国政選挙で大敗を喫し、参議院で過半数をもっていない自公〝合体〟政権は、野党の賛成の得られない法律を成立させることはできないのだという認識がないのである。私が与党ボケといっているのは、そのことなのである。

さらに大きな問題がある。「道路関連事業費としては、原油価格の高騰を背景に、一〇年間で二・五兆円を高速道路料金の引き下げなどに回すほか、地方対策として、財政状況の苦しい自治体向けに無利子貸付金制度を新設するほか、道路整備臨時交付金から自治体に支出する補助の割合を現行の五五％から最大七〇％にかさ上げする」としていることである。高速道路料金の引き下げに回すというのは、民主党が主張する高速道路料金無料化を念頭においてのことであろう。この政策の是非は別に論じた方がいいだろう。テレビを見ていたら、「いくら高速料金を安くしてくれても、ガソリンがこんなに高いのじゃ乗れないよ」といっている人がいた。まさにそのとおりであろう。どうして高速道路料金の無料化とか引き下げといった〝ねじくれた〟発想しか出てこないのだろうか。

地方に配慮していることを印象付けたいようである。だったら、ガソリン税の「揮発油税と地方道路税の比率」を変えるのが本筋であろう。国税として徴収される揮発油税を財源とする道路予算で、国は多額の補助金を地方公共団体に交付している。そこにいろいろ問題があることは、つとに指摘されているところである。使途を細かく決めずに地方が自主的に使える道路財源を増やすためには、ガソリン税の〝地方道路税〟を多くし〝揮発油税〟を少なくすることが正しい解決の仕方なのである。

「道路整備費と道路関連事業費を除いた一般財源部分でも、福田首相が重視する環境対策への充当を打ち出したことで、使途が縛られる可能性もある」というのも、問題である。環境ブームだから「それならば賛成だ」という意見も予想される。私も環境問題は大切だと思うが、だからといって、税金を誤魔化すのは良くない。環境税が必要ならば正面から議論して、理屈に合った正しい税金の取り方をしなければ、環境対策として実際に使われる予算も必ずいい加減なものになる。私が道路特定財源の一般化に反対する理由のひとつがここにある。税に対する同意と納得が、民主主義国家ではいちばん大切なのだが、道路特定財源の一般財源化には、そのような思想がないのである。自公〟合体〝政権はいざ知らず、野党は本当にそれで良いのですか、と私がいう所以である。

まぁ、今日はこのくらいにしておこう。

二〇〇七年一二月八日（土）№637

# 税に対する〝同意と納得〟

三連発でガソリン税の〝暫定税率〟について論じた。私がこの問題にこだわるのは、〝税〟というものにこだわっているからである。〝税〟は国政の基本だからである。近代議会制民主主義は、時の政府が課す税に抵抗する中で生まれた。そんなことは社会科で習ったという人が多いだろう。しかし、私が知っている限り、わが国で税の問題が国政選挙で本当に問われたのは、消費税くらいである。私自身は、消費税選挙といわれた一九九〇年の総選挙で落選した。新しい税を創設することは、実に大変なのである。

国民から強制的に徴収する税について、民主主義国家でいちばん大切にされなければならないことは、税に対する〝同意と納得〟である。消費税が議論されるとき、自公〝合体〟政権の与党議員や御用学者や御用評論家などが「ヨーロッパなどでは、付加価値税が二〇数％もあるんですよ」とよくいう。それは確かな事実である。だから、消費税率を一〇％にするくらいは当たり前でしょうという雰囲気を作りたいのである。しかし、大切なことにまったく触れていない。それらの国では国民がそれだけの税金を払うことに〝同意と納得〟をしていることである。わが国では政府・与党が消費税率のアップを提案しても、国民の〝同意〟すなわち賛成が得られないであろう。政府与党に対する〝納得〟すなわち信頼がないからである。

「どこの国でも、増税法案は悪法である」といわれている。しかし、ヨーロッパの各国では二〇％を超える付加価値税を導入することに成功したのである。それが可能だったのは、実はいろいろな理由がある。だがいちばん大切なことは、それらの国々では国家に対する信頼、税の使い方に対する信頼があったことである。わが国ではそのような信頼が基本的にない。だから増税法案を政府が提案したとき、〝反乱〟が起こる。従って、政権与党は増税法案を提案したがらない。官僚には増税法案を議会で可決する権限も力もない。

そうすると、いまある税金を流用しようと悪知恵を働かせる。使途をある程度決めて導入した税を〝目的税〟という。目的税でなければそういう問題はないが、目的税の場合にはそれはまさに〝流用〟である。税の専門用語でいうところの〝目的税〟は、実のところわが国にはきわめて少ない。いま問題となっている道路特定財源も税の専門用語でいうところの〝目的税〟であるものはほとんどない。だから、僅かではあるが現に他の用途に使っているのである。道路の整備のために緊急に必要であるという理由で導入した税を、他の目的のために使うことはそれが目的税でなければ違法ではない。だが税に対する信頼を著しく損なうことはいうまでもない。わが国の税の歴史を紐解くと、所得税や法人税などといった基本的税目も〝戦費調達〟を理由として導入されたが、その戦争が終ってもそのまま残ったものが多いのである。

わが国民に税に対する〝同意と納得〟の観念が欠けている最大の理由はここにあると私は考えている。そしていま私たちの眼前で行われようとしているのが、道路特定財源の暫定税率の一〇年延長と一般財源化の問題なのである。これを許せば、道路特定財源とされている揮発油税・地方道路税・軽油引取税・自動車重量税なども恒久的な税となるであろう。そしてその使途も限定されなくなってしまうであろう。こんなことをしていて税に対する〝同意と納得〟

（＝信頼）など生まれる筈がない。いつまでもわが国をこんな国にしておいてよいのだろうか。私はそこが悲しいのである。減税という大衆迎合政策で国民に媚びようなどという気は毛頭ない。私にはそうする必要もないからである。

## ドブに捨てても⁉

それはともかく、国や地方の役人たちが一度獲得した予算はドブに捨てても使い切るという悪弊を止めれば、もっとザクザクと埋蔵金が出てくるかも知れません。

この表現にはシビれました。永田町徒然草で〝三連発〟でガソリン税の暫定税率を取り上げたのは、「国の役人たちは、一度獲得した〝税金〟はドブに捨てても放そうとしない悪弊がある」からです。〝地方〟税も、実際に決めるのは国＝国会です。各地方公共団体が条例で決める税などほとんどありません。

これはいつも紹介している平成海援隊ＢＢＳに昨日私がした書込みの抜粋である。戦費調達ということで導入された税金は、軍人たちが我がもの顔で使った。現在の税金は、官僚たちが我がもの顔で使っている。国民は税金を取られることには〝節税〟という抵抗を試みるが、官僚たちが我がもの顔で使うことには無関心であり、寛容である。正しき意味における税に対する緊張関係がここにはない。私の記憶に鮮烈にあるのは、反ベトナム戦争の嵐が吹きまくったときフォーク歌手のジョーン・バエズが納税すべき税のうちベトナム戦費として使われた分だけを拒否するという闘争をしたことだった。私がいう緊張関係とはこういうことなのである。

私はこれからいくら行財政改革を行っても、現実には増税する必要が出てくると思っている。しかし、税に対する信頼感・政府に対する信頼感がなければ、増税することなどとてもできない。その信頼感を醸成するためには、必要な税金はいただくが必要のなくなった税金は廃止する、ということをまず政府がやらなければ信頼感など生まれる筈がない。いま問題になっているガソリン税の暫定税率をどうするかということは、そのシンボルなのである。この土日は道路特定財源を中心に、「税とは何か、税に対する〝同意と納得〟ということを少し考えてもらえれば幸いである。

## 五七年ぶりの憲法五九条二項の発動

二〇〇八年一月一一日（金）No.673

今日という日は、私たちがシッカリと記憶しておかなければならない日となるであろう。いうまでもなく新テロ特措法案が参議院本会議と衆議院本会議で議題となるからである。政府提案の同法案は、参議院本会議では野党の反対で否決される。しかし、同法案は衆議院本会議で自公〝合体〟政権が持っている化け物のような議席で再可決され成立する。わずか一日の出来事である。自公〝合体〟政権は事務的に処理しようとしているようである。だが、事務的に終わらせてはならない。世界中の多くの人たちの命が懸かった法案だからである。

新テロ特措法案は、インド洋の無料ガソリンスタンド法案などと呼ばれている。一方で自公〝合体〟政権は、中東からインド洋を通って入ってくる石油の安定的供給にも資する法案であるという。しかし、いずれも違う。アフガン戦争を始めたアメリカ軍を支援するために作られた法律なのである。アフガン戦争は９・11同時多発テロに対してアメリカが行った報復戦争である。９・11同時多発テロは、アフガニスタンを実効支配していた国際的にも認知されていたタリバン政権が国家として行ったテロではない。アフガニスタンに根拠地をおいたアルカイダが行ったとされるテロである。このこと自体はアメリカも否定していない。

タリバン政権とアルカイダとの関係はいまもって必ずしも明らかにされていない。しかし、タリバン政権とアルカイダが同一組織でないことは明らかであろう。タリバン政権がアルカイダの摘発に積極的でなかったとしても、それを理由としてタリバン政権＝アフガニスタンという国に報復戦争をすることが軍事概念としてあり得るのか、という疑問を当時から私はずーっと持っていた。そもそもアフガン戦争は国際法や戦時法規に照らして正当性があるのだろうか、という疑問である。私は弁護士だが、こうした法規は詳しく知らない。アフガン戦争が始まったとき、戦争なんてのはいとも簡単に始まるものなのだなぁー、というのが私の率直な感想であった。

アメリカ軍は短期間にタリバン政権を軍事的に崩壊させた。要するに戦争に勝ったのである。タリバン政権に変わってアフガニスタンを軍事的に支配することになったアメリカも、アルカイダを摘発することはできなかった。ウサマ・ビンラディンを逮捕することもできなかった。アルカイダに関係あるとみなされた地域や建造物が徹底的に破壊されただけである。あれだけ攻撃・破壊したのだから、ウサマ・ビンラディンは死亡したのかもしれない。しかし、それを証明する証拠もないほどの徹底的破壊であった。

アルカイダという国際的テロ組織を壊滅させることができたのかどうかは、もっと定かではない。大規模な自爆テロが起こる度に、アルカイダの関与がいわれている。テロ組織などというものは、そもそも軍隊が取り締ったり破壊することができるものなのだろうか。情報機関の国際的協力などしかないのではないか。テロとの戦いといわれるが、こうしたことがはかばかしく進んだという報道にはあまり接しない。わが国がやったことといえば、わが国に入国する外国人すべてから指紋と顔写真をとることにしたくらいである。それがわが国をテロから守るために有効であるかはきわめて疑問である。ブッシュ政権と自公〝合体〟政権の考えることは、私にいわせれば大分いかがわしい。

現在アフガニスタンとイラクを現実に支配しているのは、アメリカ軍である。戦争に勝ったアメリカ軍が、軍事的に占領している状態なのである。これは戦争の最終形態である。戦争に勝利した軍の軍事占領を支援することは、戦争に加担することではないのか。少なくとも戦争に深く関連することは否定できない。戦争に勝利し相手国を軍事的に占領している軍は、その国の統治を行う必要があるからである。イラク特措法に基づいてわが国が行った人道復興支援もその一環と看做されても仕方がない。これは国連が行うＰＫＯやＰＫＦとは明らかに異なる。

イラクやアフガニスタンでは、自爆テロが後を絶たない。これらのテロのターゲットはアメリカ軍とその庇護の下にあるその国の統治機関である。だからアフガン戦争とイラク戦争が原因であるといって差し支えない。９・11同時多発テロが行われたアメリカ国内では確かにテロは起きていないが、アフガン戦争とイラク戦争が功を奏しているからなのだろうか。私は多分違う理由だと思う。アメリカ国内におけるテロは確かに抑えられているが、その代わりアメリカ軍の多数の死傷者と多額の軍事費負担をもたらしている。

〝テロとの戦い〟というと誰も反対できないが、このように考えると新テロ特措法案が本当にテロを撲滅することに繋がるかは甚だ疑問である。あまり小難しいことをいうなという人もいるだろう。しかし、インド洋で給油・給水を受ける各国の軍隊は、アフガニスタンで多くの国民の命を奪ったのである。またそのために自爆テロが起こり、駐留する多くの軍人や国民の命が奪われているのである。冒頭に私が「だが、事務的に終わらせてはならない。世界中の多くの人たちの命が懸かった法案だからである」と書いたのは、以上のような理由によるものである。政党や政治家の今日の行動の仕方（正しい意味におけるパフォーマンス）を注視し、瞼に焼き付けておきたいと私は思っている。

## 悲観も落胆も無用

二〇〇八年一月三一日（木）No.694

今朝はやけに寒い。厚着をしていまこれを打っている。昨夜から真相を知りたくてテレビを一生懸命観ているのだが、いまひとつ分からない。昨日は忙しくて夜まで外出していた。夜帰ってきてニュースを観た。中国製の餃子から農薬が検出された問題とハンドボールの男子日韓戦で、国会の動きは報道されてはいたがその間に挟まれて放映時間は短かった。だからいまひとつハッキリしないのだ。

だいたい国会で行われる裁定とか斡旋などというのは、どうにでも受け取られるようなものが多いのだ。激しく対立する与野党が差し出された裁定案とか斡旋案の文言を自分に都合の良いように解釈して、激突を回避するために行われるものなのだ。いわゆる〝玉虫色〟の文言などと呼ばれる。玉虫色の衣などは見る角度によって極めて美しく見えるところから、このようにいわれるのだろう。

国会の裁定案とか斡旋案などというのは本来そうしたものだから、それについて論評することはあまり意味がない。ただひとつだけハッキリしていることは、自公"合体"政権は昨日の時点で、たとえ一時的であれガソリン税の暫定税率を維持するという議決ができなかったことである。その原因として国民の反対が極めて強いこと、全野党が〝つなぎ法案〟なるものに一致して反対していたこと、そのやり方があまりにも姑息であることなどが挙げられる。

自公"合体"政権がガソリン税の暫定税率を維持するためには、どのみちどこかで衆議院の三分の二で再可決しなければならない。その時期は三月三一日までである。ガソリン税の暫定税率を廃止しようという者は、あと二ヶ月間頑張らなければならない。〝つなぎ法案〟が昨日可決されていた場合には、再可決が二回必要であった。その代わり最終期限は五月三一日であった。どちらが有利であったかは判らない。しかし、いまそれを議論しても意味はない。ガソリン税の暫定税率を廃止しようとする者は、あと二ヶ月間ありとあらゆる方法で反対を続けることである。

二ヶ月という期間は決して短くない。永田町徒然草のアーカイブで二ヶ月前を見ていただきたい。ガソリン税の暫定税率の維持に強く反対していたのは、私くらいであった。マスコミなどは暫定税率のことを取り上げもしなかった。現在は暫定税率でもち切りである。国民は三月三一日までガソリン税の暫定税率がどうなるのか凝視する。もうドサクサに紛れて一〇年間も延長することなど絶対にできない。

ガソリン税の暫定税率をめぐる問題は、いつもいっているように幅広なのだ。今回暫定税率の期限が切れるのは、ガソリン税だけでない。軽油にかけられている軽油引取税（〝ひきとり〟で、〝とりひき〟ではないので注意！）の暫定税率もそうなのである。軽油引取税も道路特定財源である。これが下がることは、運輸業界にとって実に大きい。物価がじわじわと上がっている原因のひとつは、物流経費の高騰である。

ガソリンにはタックス・オン・タックスという問題もある。税金（ガソリン税）に対して税金（消費税）がかけられている問題である。この際これを解消すれば、ガソリン一リットルあたり七円強の消費税分だけガソリンは安くなるのである。ガソリン税の揮発油税と地方道路税の比率もこの際に見直す良い機会である。また自動車にかけられている各種の税を徹底的に議論しなければならない。ガソリン税は環境のためにも必要だ、と自公〝合体〟政権は主張している。環境税を導入するにしても〝税〟とは何ぞやということも論じなければならない。議論しなければならないことは山ほどある。二ヶ月間の論戦の成否が、勝負を決める。それだけのことである。悲観も落胆も無用である。

# 五〇日間の攻防

二〇〇八年二月八日（金）No.702

昨日から衆議院予算委員会の質疑が始まった。一九九七年一月、私は自治大臣・国家公安委員長として大臣席に座った。総括質疑といわれる日程では、全大臣が答弁席に座らされる。総理大臣や大蔵大臣などは答弁の機会が多くあるが、自治大臣などには普通ほとんど答弁を求められることはない。それは本当に長く、辛い仕事である。ちょうど予算委員会の総括質疑の前に、ロシアのナホトカ号の原油流失事故があったため、それに関連して自治大臣として答弁を求められたので、少しは救われた……。

昔は総括質疑が現在よりも長く行われた。丸一日答弁席に座らされて、答弁の機会が一回もないというのは、ある種の難行苦行であった。現在はなぜか知らないが予算案を審議する総括質疑も一般質疑も短くなった。予算の年度内成立は普通のこととなった。昔はそうはいかなかった。社会党を筆頭に野党は徹底的に質疑したものである。おかしな答弁をしたために首の飛んだ大臣を私は何度もみてきた。審議ストップもよくあった。大出俊代議士のように〝止め男〟なる異名をもつ政治家もいた。それにはやはりそれなりの技術があった。単なる我がままで予算委員会を止めることなどできない。最近の野党はちょっとお行儀が良すぎるようである。

今回の予算委員会は財務金融委員会とセットで進められることになるであろう。予算委員会は歳出を決める委員会である。いっぽう財務金融委員会は予算の裏付けとなる歳入を決める委員会である。今回はガソリン税の暫定税率を一〇年間延長する租税特別措置法改正案が最大の焦点になる。今年は時間があるときには私も財務金融委員会を傍聴しようと思っている。今年の予算委員会や財務金融委員会の質疑は、野党にとって正念場である。また総括質疑が終了したことには厚生労働委員会も面白くなる。年金の問題がまた大きな争点になるからである。

かつては予算委員会といえば、防衛問題が大きな争点となったものである。最近では防衛問題が予算委員会で議論されることが少なくなった。防衛費はその額も大きいし、ブラックボックスに入っているものが多い。この防衛費にはおかしな者が群がっていることは昔から指摘されてきた。守屋前事務次官の逮捕だけで防衛利権問題は終わりなのか。絶対にそんなことはないと私は思うのだが……。守屋前事務次官のゴルフ接待だけで幕引きとは検察はいったい何を捜査したのだろうか。これは〝逆〟国策捜査ではないのか。野党はもっと執念をもって防衛利権を調査し、追及しなければならない。

衆議院予算委員会と参議院予算委員会の双方でこれから五〇日間くらい質疑が行われる。財務金融委員会も平行して開催される。この質疑には野党の力量が厳しく問われる。国会は数で勝敗が決まるが、議論の質でも決まるのである。自公〝合体〟政権は数の力で勝負をしようとしているが、国会というのはそれほど簡単なものではない。国民の心にある疑問や怒りを凝縮した発言で政権を追い詰めたとき、国会の議席とは違う世論が必ず沸騰する。そのピークを三月下旬のXデーにもってこなければならない。野党は必ず勝てる、と私は考えている。健闘を期待する。

## いったい何が問題なのか？

二〇〇八年二月一三日（水）№７０７

　今日は全国的に寒いという。完全に西高東低である。東京の現在の気温は〇・四度。例によって関東地方は晴天だそうだが、今日の最高気温は五度で〝北風びゅーびゅー〟だという。私は昨夜からラクダのシャツをさらに一枚着込んだ。いま、日本テレビの『おはよん』、続いてＮＨＫニュース、ＴＢＳの『朝ズバッ！』をみながら、これを打っている。私は今日一日自宅で弁護士としての仕事の書類書きであるが、外で仕事をする人々には辛い日になるであろう。

　道路特定財源の暫定税率の問題がいろんなところで報じられている。それは一向に構わないのだが、国会の議論の焦点がボヤけては困る。今回問題になっているのは、道路特定財源の暫定税率を一〇年間延長することを最大の内容とする租税特別措置法改正案の是非が問われているのである。いつもいっているように政治とは具体的状況における具体的分析である。具体的問題について、その問題点を指摘することがいちばん重要である。

　道路特定財源の暫定税率がいま問題なのである。国民は本則税率まで廃止せよといっているのではない。本則税率だけでも約三兆円の税収があるのである。開かずの踏切対策や除雪費などがなくなる訳ではない。〝必要な道路〟を作る予算がなくなる訳でもない。そもそも〝必要な道路〟とは誰が決めるのだ。〝無駄な道路〟が作られることを止めさせるためには、役人に不必要な予算を与えないことである。子供の無駄遣いを止めさせるには、余分なお金を与えないことが一番である。

今回は道路特定財源を一般財源化するかどうかが直接問題になっている訳ではない。衆議院で圧倒的多数をもっている自公〝合体〟政権を相手に、野党が道路特定財源を一般財源化することが果たしてできるのか。できもしないことをあえてターゲットにすることは、その必要もないし間違っている。道路特定財源を一般財源にするためには、実はもっといろいろな側面から議論しなければならない。そもそも消費税導入のとき、本来ならば間接税は廃止されるべきだったのである。

道路特定財源であるガソリン税（正式には揮発油税と地方道路税）・軽油引取税・石油ガス税・自動車重量税・自動車取得税は、いうまでもなくいずれも間接税である。消費税導入の際に、宝石やブランド品などの高級な物品や高額な電気製品などに課せられていた物品税は、原則としてすべて廃止された。物品税は俗に贅沢品といわれているものに課せられていた。自動車はかつては間違いなく贅沢品であった。しかし、現在では自動車すべてを贅沢品という範疇で捉えることができるだろうか。公共交通手段が満足にない地方で、人々は必要に迫られて自動車を購入するのである。地方の人々には、贅沢品という意識はまったくない。

従って、道路特定財源を一般財源とした場合、その税は地方の人々に対して過大に負担させることになる。一般財源であるから、どのような用途に使おうが基本的には自由である。本当にそれで良いのか。道路特定財源を一般財源化し、環境税（仮称）として環境対策に充てるという構想も同じ難点がある。この点については永田町徒然草№７０４で述べておいたのでそれを参照されたい。だから私は道路財源の一般財源化に賛成できないといっているのである。しかし、そのことをあえて強くいわないのは、現在の当面の問題でないからなのである。いま議論すべきことは、道路特定財源の暫定税率を一〇年間延長することが〝是なのか、非なのか〟である。

問題はあまり拡散させない方がいい。だから私は〝道路特定財源の暫定税率〟といわずに〝ガソリン税の暫定税率〟といって問題を提起してきたのである。現在はこの暫定税率の延長に反対する者が大同団結することなのである。道路特定財源の一般財源化を主張することにあえて異を唱えないのはそのためである。道路特定財源の一般財源化は、まず暫定税率を廃止した後で、あと二〜三年間かけてじっくりと議論すればよいのである。

消費税導入の際に、道路特定財源とともに残された大きな間接税には、酒税とたばこ税がある。自動車に関して課せられている道路特定財源と呼ばれる間接税や酒税やたばこ税をそのまま残したことには、税制としての整合性や理論的根拠はない。三％の消費税の導入の代わりにこれらを廃止するには、その税収があまりにも大きかったからである。たばこ税は最近では別の必要性がいわれているが、当時そのような問題意識はなかった。消費税が導入された一九八九年における酒税は約二兆円、たばこ税（地方たばこ税を含む）は約三兆円くらいであったと思う（古い数字なので手元にある資料で確認できない）。

私はタバコを好むが、酒はあまり飲まない。だからといって、たばこ税にも酒税にも反対しようとは思わない。どちらも嗜好品《しこうひん》といわれても仕方ないと思うからである。しかし、厳密にいえば何が嗜好品であるかを国が決めることには、問題がない訳ではない。私はなんでも美味しく食べられるので、あまりグルメ嗜好はない。非常に高い牛肉や河豚《ふぐ》などにこだわる人もいる。それは食品というより嗜好品ともいえる。贅沢品に高い消費税をかけるというのは、国民の消費に国が介入することに通じる。消費の価値観に国が介入しないというのは、自由主義のひとつの見識なのである。税はこのようにいろいろな側面から論じる必要があるのである。

# 異常と思うこと!?

二〇〇八年二月一八日（月）No.712

今日のテーマは、率直にいって難解であり、微妙な問題である。下手をすると誤解を受ける可能性もある。しかし、やはりもう一度書いておかないとこの問題のいちばん大切な部分を見失うことになる。この問題をようやく少しは冷静に考える雰囲気となってきた。わが国では何をいっても相手にされない時がある。そんな時に物をいうほど私もお目出度くはなくなった。

このサイトは政治的サイトである。だから大きな社会的事件であってもそれをマスコミと同じように取り上げることはしないのである。二〇日間くらい、中国製冷凍餃子問題がニュースの中心に取り上げられてきた。中国製冷凍餃子はいうに及ばず中国製冷凍加工食品や中国産食料品が消費者から敬遠されており、売上が激減しているようである。食料自給率が三九％を割っていることに改めて関心が高まり、国産の食料や食品の価値が見直されている。それは結構なことである。食の安全に関することであるから、当然なのであろう。

こうした問題が政治のテーマであることは確かである。食の安全を守るために農業政策を含めて考えることはもちろん重要である。また問題の殺虫剤がどこで混入されたのか、その原因や動機がどこにあったのか解明することも大切である。いま事件の関心はこちらの方に集まっているのではないか。こうしたことに水を差すつもりは毛頭ない。いやすべての問題について真剣に深く考えて欲しいと願っている。一過性の関心で終わって欲しくない。

しかし、これだけ多くの報道があったのに、いちばん単純で大切なことがまったく見逃されている。私にいわせれば、この問題を避けるためにあえていろいろな情報が流されているのではないかとさえ感じさせられるのである。私がいいたいことは単純なことである。すなわち「今回問題になった中国製冷凍餃子を食べたために健康異常を憶えた人が多数おり、それをスーパーや保健所などに通報したのに国の機関がこの情報を集約し、適切な対策を行わなかった」ということである。この前、ある新聞記者と話したとき、その記者は三〇〇〇件以上も通報があったといっていた。私がいちばん恐ろしいと思ったのはこのことなのである。このことを誰も本気で問題にしないことが異常でならないのである。

食の安全を確保するための多くの論点を専門家がそれぞれの立場で論じている。それらはもちろん大切なことだが、いずれも一般的な政策である。一般的政策と私がいうのは、安全な食品をどのように確保するかという問題である。それは大切なことだが、そもそも絶対に安全な食品だけしか市場に流通しないシステムを作るなどということは可能なのであろうか。それは絶対にあり得ない。仮にそのようなシステムを作ったとしても、〝故意あるいは過失で〟危険な食品がそのシステムの中に入ってくることはあり得る。その場合に一般的政策は意味のないものとなる。それを避けるためには昔のお殿様に毒見係がいたように誰かから毒見をしてもらった後に食べるしかない。

だが消費者が食する前に誰かが毒見をする仕組みを作ることは不可能である。他人の作った食品に依存する限り、絶対に危険がない食品ということはあり得ない。安全な筈である食品に生命や健康に害を与えるものがあった場合に、どのように対処するかという問題である。その被害を最小限に食い止めるしかないのである。これは危機管理の問題である。もちろん危機管理は政治の課題である。いや政治の基本的テーマそのものといってよい。政治の本領が問われる問題である。

危機管理の問題として考える場合、生命や健康に害を与える食品がどこで生じたのか、それが故意によるものか過失によるものか、その原因が食中毒などのように細菌類などによるものか今回のように科学的物質によるものか、このようなことは一次的には重要なことではない。生命や健康に害を与える食品が存在し、それを食したために異常が発生したことを可及的すみやかに掌握し、同じような被害を最小限に食い止める対策を講じることが危機管理の問題としては重要なのである。

今回の一連の報道でこういうことが果たして問題とされたのだろうか。今回の事件が発覚した後、輸入販売した業者や保健所など厚生労働省関係の機関や警察当局などの対応を、危機管理の面からとらえて問題とする報道があっただろうか。今回の事件発覚後、政府はさっそく中国に調査団を派遣したが、危機管理上の反省を果たして深刻にしたのだろうか。危機管理の問題は、基本的に国内の制度にある。消費者庁を創設しようという理由のひとつに、今回の事件が引き合いに出されている。消費者庁がなかったから、今回のような不手際や手落ちが生じたといいたいようである。

今回のような事件が発生するいちばんの危険性としては、テロをいちばんに想定しなければならない。わが国の政府はアメリカと同じくらいテロ対策に熱心だといわれている。そのため都会からゴミ箱は追放され、国民は一〇万円の送金も自由にできなくなった。国民は従順にこれに従っているのだが、肝心の政府のテロに対する現実の危機感はここで私が指摘した通りなのである。私は立派な能書や宣伝文句をいうのは上手だが、実が伴わない人士を好きになれない。率直にいって嫌いである。今回の一件は、自公〝合体〟政権の本質を暴露したと感じたのである。

最後に今回の小論は、いろいろな点で未完である。たとえば、食品という言葉も不用意に使っている。野菜や肉や魚のような食料も加工食品もお店の料理も全部をひっくるめて〝食品〟とした。現在の組織で今回の事件に対応できなかった筈はないということも検証していない。また新たな組織を作る要諦は何かということも論じなければならない。これらについては、別に論じた永田町徒然草№６９６「喝!!」と同№２７０「興一利不若除一害」を参照してもらえれば幸いである。また私の意見に自信がなかったのでいつもの平成海援隊ＢＢＳに書込みをして皆さんの意見を求めた。時間があったらこちらも一読いただきたい。

二〇〇八年二月二一日（木）№７１５

## これはもう〝漫画〟である!?

一昨日（二月一九日）の午前五時ころニュース報道番組では、イージス艦「あたご」が千葉県野島崎沖で漁船と衝突したことが報道されていた。「それなのに防衛大臣も総理大臣もぬくぬくと眠っていたというのだろうか」と昨日の永田町徒然草で述べた。私にはこういう状態が理解できないのである。この政権には緊張感というのがまったくない。私の体験を述べて、批判する。

私は一九九六年一一月七日、自治大臣と国家公安委員会委員長（以下、国家公安委員長という）に任命された。私は、朝は苦手の方だ。ハッキリいって子供のころから朝寝坊であった。私は大臣に就任して以来、午前六時から始まるＮＨＫニュースは必ず観ることにした。国家公安委員長は治安維持と犯罪捜査を主任務とする警察を監理する役職である。私は大臣になっても夜一二時前に就眠することはまずなかった。それでも就眠していた数時間の間にどのような事件事故があったかをまず把握しなければならない。

大臣でもニュースを見られる時には必ず見る筈である。大臣が見られない時でも秘書官などが見ていて、大臣に関係することがあれば必ずメモなどで大臣に知らせる。こんなことは当り前のことである。国家公安委員長にとっては、すべての事件事故が関心事である。そういう意味でニュースを見ることはひとつの職務であった。以来、朝一番にニュースを見ることは、私の習慣になっている。犯罪や事故などは政治と必ずしも直接関係している訳ではないが、犯罪は社会の病理現象の現われである。国家公安委員長でなくとも、政治に携わる者は事件や事故に関心をもたなければならない。

大臣に就任して少し経った一九九六年一二月一八日のことであった。私はトイレに起きたついでにテレビを入れた。時間は正確でないが、午前五時ころだったと思う。午前五時のNHKニュースなのか緊急時に流されるNHKの放送なのか記憶していないが、ペルーのリマにある日本大使公邸が占拠され多数の人質が取られたというニュースが報道されていた。在ペルー日本大使公邸占拠事件の発生である。もちろん詳細はニュースでほとんど分からなかった。しかし、事は重大である。国家公安委員長の職務に直接関連する事件である。まず事実を掌握しなければならない。私は髭も剃らずに髪だけを整えて警察庁に向かった。

秘書官からもまだ連絡はなかった。私はタクシーの中で秘書官やSPに電話し、警察庁に向かっていることを知らせた。間もなくして秘書官から「警察庁ではなく首相官邸に向かって下さい」という連絡が入った。SPと会ったのは、首相官邸の入り口であった。ようやく明るくなり始めていたから、午前六時頃であったと思う。秘書官も首相官邸に駆けつけてきた。首相官邸には、橋本首相と梶山官房長官が危機管理室にすでにいた。確か外務大臣もいたと思う。それ以外の大臣がいたかどうかは記憶にない。少なくとも関係する大臣はすべて集まった。しかし、地球の裏側で起こった事件である。日本の主権も及ばないところである。事件の掌握と対応は難しかった。

この事件の第一報は、外務省に入ったと思う。なぜならば、在ペルー日本大使館は占拠されなかったのだし、全部の館員が大使公邸で人質になった訳ではないから当然である。橋本首相や梶山官房長官には多分外務省から連絡が入ったのだと推測する。外務省には国家公安委員長にも連絡しなければならないというマニュアルはなかったと思う。しかし、在ペルー大使公邸は日本の領土ではないが、日本の権限も及び、ペルー国が自由に権力を行使できるところではない。こういう場所における犯罪捜査や犯罪鎮圧には、日本の警察として関係せざるを得ない。もうひとつ大切なことは、大臣というのは〝秘書官からの連絡を待ってＳＰを連れて行動しなければならない〟というものではないことである。秘書官はあくまでも補佐官である。大臣は所掌事項の最高責任者なのである。最高責任者は、最後はすべて自分の責任で行動しなければならない。きっかけ・情報が一般のテレビ報道のようなものであっても、私が在ペルー大使公邸の事件を知った以上、当時の私は最高責任者として、事件の全貌を知らなければならない。それには警察庁に行くのが最善と思ったから、私はそのような行動をしたのである。情報が入ったのが秘書官の連絡によるものか、テレビ報道であったかということは関係ない。秘書官が朝五時にテレビやラジオでこのニュースを知らなかったとしても、それは責められることではない。

マスコミや国会などでは、総理大臣や防衛大臣になぜ連絡が遅れたのかが問題にされている。午前五時ころにはもうこの事故がテレビやラジオで報道されたのに「防衛大臣や総理大臣がぬくぬくと眠っていた」としたら、それが問題なのである。私としては信じられないことである。総理大臣や防衛大臣に眠るなといっているのではない。総理大臣や防衛大臣も眠らなければならないであろう。しかし、彼らの関係者もすべて同じ時間に眠らなければならないのであろうか。私が問題にしているのはこのことなのである。

イージス「あたご」が海上保安庁に事故を通報したのは午前四時二三分だった。このことを海上保安庁は海上保安庁詰めの記者に発表したのだろう。これに基づいてテレビやラジオは一斉に報道したのであろう。私は永田町徒然草を書くという〝仕事〟をしていたのでこの報道に接したが、総理大臣や防衛大臣の関係者にはこの報道に接した人はまったくいなかったのだろうか。この報道に接した関係者はなぜ総理大臣や防衛大臣に伝えようとしなかったのだろうか。私はそこが理解できないのである。

関係者のうち、ここでもっとも関係ある者は総理官邸や防衛省の情報担当者である。どちらも不寝番の情報関係者がいる筈である。また自宅にいたそのような担当者とその家人である。秘書官などはその最たるものだが、SPや運転手やその家人なども含まれる。家人がこういうニュースに接した場合には、普通の感覚でも秘書官や主人に伝えるであろう。そういうことで総理大臣や防衛大臣が今回の事故のことを知ったとしたら、ふたりとも秘書官からの連絡は遅くなったが「私はニュースで知った」と答えている筈である。その場合ふたりがどのように行動したか、ぜひ知りたいところである。

要するに福田首相や石破防衛大臣とその関係者には、責任感と緊張感がないのである。だから今回のような信じられないことが起こるのだ。これはもう〝漫画〟である。マスコミや野党は防衛大臣の責任だけを問題にしているが、海難事故の救助と捜査は海上保安庁である。そうだとしたら国土交通大臣はどうだったのかも問題にしなければならない。国家公安委員長も無関係とはいえない。中国製冷凍餃子の問題で述べたように、自公〝合体〟政権は〝テロとの戦い・テロ対策〟と声高にいうが、危機管理の問題に対する意識・認識はこのようにお粗末なのである。騙されてはならない。見逃してはならない。

二〇〇八年二月二四日（日）№717

## いい加減分かってもらいたい！

今日は全国的に寒いようである。昨日午前出かける時は、かなり暖かかったが、予報どおり夕方から急に寒くなった。出かける時はちょっと汗ばむようなコートを着て出かけたのは正解だった。春は一直線には来てくれない。政治も同じである。押したと思うと、また引かれる。あまり一喜一憂する必要はない。しかし、寒い冬でもやらなければならないことはシッカリとやっておかなければならない。

最近また小泉元首相が意識的に動き出した。彼の山っ気もあるだろうが、福田首相では自民党の危機は乗り切れないという焦りが後押ししている面もあると思う。自公〝合体〟体制の限界はいろいろな面で露呈してきているが、だからといって観念するほど彼らは甘くない。最後の最後まであらゆる手を打ってくる。これらに騙されることなく、キチンとその時々に有効打を打っていかなければならない。最近ちょっと自公〝合体〟政権の投げてくるくせ玉に世論は幻惑されているところがある。その一例を挙げよう。

### 小泉元首相「総理が修正協議を」――道路国会巡り呼びかけ

小泉元首相は二二日、東京都八王子市で講演し、道路特定財源をめぐる与野党対立に触れ、「これは総理大臣しか言えない。そろそろ総理が『野党の主張もよく聞いて、譲るべきは譲っていい案をまとめよう』と言えば、自民党の中で怒る人はいるが、『総理が言うんなら仕方ないか』と修正案の形が出てくる。そういう時期ではないか」と述べ、福田首相に修正協議を呼びかけた。

自民党では道路特定財源をめぐる修正協議について、「まず民主党が対案を国会提出すべきだ」といった慎重な意見が強い。ただ、「小泉改革」で道路特定財源の一般財源化を掲げた元首相の発言だけに、与党内に影響を及ぼすのは必至だ。

また、衆院の三分の二による再議決について、小泉氏は「参院で結論を出したものを衆院の三分の二の多数を使って『与党の言う通りにしろ』というのは、たまにはいいが、しょっちゅう使うものではない」と語った。

報道陣を前にした小泉氏の講演は昨年七月の参院選での応援演説以来。この日は、町村派衆院議員のパーティーで三〇分以上も「小泉節」を披露した。

(asahi.com 二〇〇八年二月二二日二二時二六分)

最近いろいろなところで「道路特定財源の暫定税率問題は与野党が妥協すべきだ」という論調を目にする。そのキーワードが〝道路特定財源の一般財源化〟である。小泉元首相も同じようなことを上記発言の中でいっている。だから私は道路特定財源の一般財源化という主張は要注意だよといってきたのである。道路特定財源の一般財源化は、目新しい主張でも進歩的な主張でもなんでもない。大蔵省といわれた時代から大蔵省主計局が一貫して主張していたことなのである。大蔵省主計局のいうことはいつも正しいのだと思っている小泉氏は、若い時から自民党税制調査会でその意を戴して発言していた。しかし、税の専門家からは相手にもされなかった、いわく付きの主張なのである。このことについて二〇〇一年から私は指摘している(永田町徒然草№154および155参照)。

要するに六兆円もの税金がある。これを使わない手はないという議論なのである。使う方の役人にとってそれほど都合の良い話はないだろう。しかし、収める方の国民にとってそれは看過できる筈がない。六兆円もの税金の使い道がなくなったのなら、それは国民に返すべきであるというのが税の理屈であり、国民の望みでもある。そういう単純な話なのである。今回問題になっているのはすべての道路特定財源ではない。暫定税率だけは今回廃止してもらいたいということなのである。暫定税率を廃止しただけで少なくとも無駄遣いをするような余裕は間違いなくなくなる。

暫定税率を廃止されたら地方が困ると東国原宮崎県知事などが喚《わめ》いている。しかし、ガソリン税として取られている揮発油税と地方道路税の配分を変えれば、現在よりも地方の道路財源はかえって増えるのである。地方が困ることを理由に暫定税率を維持することなど、もっての外である。要するに騙されているのだ。対案を示せと自公〝合体〟体制の諸君は盛んにいうが、修正協議するならばこの点を見直すことである。暫定税率の廃止は絶対に譲ってはならない。私は一貫してこのことをいっているのだ。正直いって少々疲れる（笑）。もうそろそろ分かってもらいたい。あまり論点を広げないで自公〝合体〟政権を追い詰めていかなければならない。決戦のときはもう一ヵ月後に迫っているのだ！

## 正念場の三月

二〇〇八年三月一日（土）No.723

今日からいよいよ三月である。この月はこれからのわが国の政治を占う上できわめて大切な一ヶ月になるであろう。どうか読者の方々もこの一ヶ月間の政治の動きに注目していただきたい。政治の本質が多くの局面でみえてくるであろう。こういう経験をしないと政治は分からないものである。さて、問題の〝魔の二月二九日〟は……。

## 予算、年度内に成立――採決強行で衆院通過　暫定税率も

〇八年度予算案とガソリン税の暫定税率延長などを盛り込んだ税制改正関連法案が二九日夜、衆院本会議で与党の賛成多数で可決された。予算の年度内成立は確実となり、与野党攻防の焦点は参院での税制関連法案の審議に移る。与党は年度内成立をめざすが、民主党は「採決強行だ」として反発し、暫定税率の期限切れに追い込む構えだ。道路特定財源をめぐる修正協議、日本銀行総裁人事を含め、国会の先行きは不透明となってきた。

日銀総裁人事で政府は武藤敏郎副総裁の昇格で最終調整しており、四日にも提示する。民主党執行部は不同意回避に向けて党内の反対論を抑えるよう調整していたが、与野党対立の中、武藤氏なら不同意やむなしとの見方が強まっている。

二九日、衆院予算委員会はイージス艦衝突事故などの集中審議を行い、終了後、予算案採決に向けた質疑に入った。だが、共産党を含む野党各党は反発して退席し、野党欠席のまま採決され、自民、公明両党の賛成で可決。税制関連法案も同日夜、衆院財務金融委員会などで与党の賛成多数で可決された。衆院本会議は民主党など野党三党が欠席、共産党は出席して反対した。

予算案は憲法の規定で参院送付から三〇日で自然成立するため、参院で議決されなくても三月三〇日には成立する。ただ、税制関連法案はこの規定がなく、暫定税率の期限切れを狙う民主党と年度内成立をめざす与党との攻防が今後、参院で繰り広げられる。

民主党の直嶋正行政調会長は二九日、党の会合で「衆院が不正常になり、参院は来週、すぐには審議に入れない」と表明。自民、民主両党の参院国会対策委員長が同日夜に会談し、三月三日の審議入りは見送ることを確認した。

一方、民主党は二九日、政府の税制関連法案から道路関連部分を分離した独自の「租税特別措置法改正案」など三法案を参院に提出した。道路に限って反対する意思を示す狙いがある。

いつもの asahi.com 二〇〇八年二月二九日二三時一〇分の記事からの引用である。予算案などが可決された直後の福田首相などの笑顔や三白眼の防衛大臣の顔が載っているので、ぜひ現物をご覧頂きたい。いったい何がそんなに嬉しいのであろうか。予算案を野党が欠席した本会議で可決することはきわめて異常である。八〇兆円を超える国民の血税をどのように使うかは厳粛なことである。この緊張感があったら、この惚けた笑顔は絶対にないであろう。自公”合体“政権は、万事がこの通りなのだ。
昨日書いたように予算の年度内成立など政治的にはそれほど意味がないことなのだ。今国会の最大の焦点は道路特定財源の暫定税率をどうするかである。自公〝合体〟政権はこれを一〇年間延長するとしているが、それは政治的にはもう絶望的である。その見込みなどまったく立っていない。欠席した野党の中には国民新党も入っている。国民新党は道路特定財源の暫定税率維持に賛成といっているのである。その国民新党が欠席した中で衆議院を通過させたのでは、賛成してもらえる者まで敵に回すことになる。笑ってなどいられない筈なのだが……。

いちばん致命的なことは、〝つなぎ法案〟の処理をしたとき出された衆参議長の斡旋を意味のないものにしたことであろう。議長斡旋を上手く使えば、少なくとも参議院で租税特別措置法改正案の採決は期待できたのであるが、今回の強行策で野党は議長斡旋の呪縛から解放されることになった。野党は今後そのように動くであろう。その場合、自公〝合体〟政権にはほとんど打つ手がなくなる。だから私は智恵のない愚かな行動だと教えてあげたのだが、全然分からないようである。〇〇としかいいようがない（笑）。

右の記事の最後の部分は重要である。本当は衆議院でもこのような主張をしておいた方が良かったと私は思っていた。租税特別措置法改正案には国民が希望・期待しているものがあるのだ。それらに反対しているのではないことを明確に示すことは重要である。そうしておかないとこれを捉えて野党の行動に反対する動きが出てくるからである。道路特定財源の暫定税率維持に賛成と地方自治体の首長が行動したのと同じようなことを、自公〝合体〟政権が仕掛けてくるからだ。

昨日述べたように十分な環境整備をすることなく自公〝合体〟政権は魔の二月二九日に無策な強行策を演じた。国民が主導権を握っている参議院の攻防が、いよいよ今日から始まる。だからといって私はそんなに簡単な戦いではないと思っている。今度は野党の度量と力量が試されるのだ。この程度の勝負に勝てないようならば、政権交代など期待すべくもない。正念場である。野党は性根をすえて戦わなければならない。そのことを心から期待する。

二〇〇八年三月二一日（金）No.745

## 愚にも付かぬ〝修正案〟徹底批判！

昔から〝暑さ、寒さも彼岸まで〟といわれた。それにしては、昨日の東京は豪《えら》く寒かった。もう仕舞おうかと思っていた厚い裏地を付けたレインコートを着ないと外出することはできなかった。今日も少し寒いようである。なにも〝彼岸の中日《ちゅうにち》〟といっている訳ではないから、〝暑さ、寒さも彼岸まで〟は間違いとはいえない。昔の人がいうことには、何事にも間違いはない……。

昨日は久しぶりにライブで大相撲中継を観た。白鵬が千代大海に負けてしまった。これで今場所は朝青龍の優勝で決まりだなぁーと思ったら、朝青龍が琴奨菊に負けてしまった。白鵬は一昨日三連敗中の安馬に勝ったために、今日の対戦には緊張感がなかったのではないか。朝青龍はこれまで琴奨菊に七戦全勝であった。たぶん今回も大丈夫と思ったのだろう。まだ一敗差である。千秋楽で白鵬と朝青龍が同星になり、初場所のような大一番が観られたら最高である。それにしても初場所の両者の相撲は、稀にみる大相撲であった。

自民党と民主党は、すでに互角である。自民党はいつまでも朝青龍が一人横綱だったころと違うのである。自民党には、この認識がないのではないか。政権担当能力は自分たちしかないと思っているようだ。最近では公明党もそのように考えているようである（笑）。だから至るところに横柄さ・尊大さがみられる。このような尊大さが、日銀総裁の空白を招いてしまった。経済界は「政府も悪いが野党にも責任がある」と非難していた。野党の対応を予測できない自公〝合体〟政権の不甲斐なさをまず問題にすべきであろう。単純な問題処理能力の問題に過ぎない。

自公〝合体〟政権が今日提示するという〝道路特定財源をめぐる与党修正案〟も、日銀総裁案と同じようなものである。永田町徒然草№７４３「愚にも付かぬ〝修正案〟」では、「いちいち論点を挙げることが馬鹿らしい」と私は切って捨て、論及することすらしなかった。しかし、当面このことが国政の中心になるのだから詳しく述べておこう。まず与党修正案なるものを正確にみておこう。

## 道路財源、一般財源化で与党合意――二一日にも野党に提示

自民、公明両党は一九日、道路特定財源をめぐる与党修正案の骨子をまとめた。道路特定財源のすべてを早ければ〇九年度から一般財源化▽一〇年間で最大五九兆円を投じる道路整備中期計画の見直し――が柱。与党は二一日にもこの案をもとに野党に修正協議を呼びかける。ただ、〇八年度予算関連法案は見直さずに年度内成立が前提。民主党がすんなり協議入りに応じることは難しい見通しだ。

福田首相は一九日夜、記者団に「税制の抜本改革は前から約束している。その際には（道路特定財源の）全額一般財源化も視野に入れて検討していく」と語り、〇九年度税制改正時に一般財源化を進める考えに踏み込んだ。

これに先立ち、首相は自民党の谷垣禎一、公明党の斉藤鉄夫両政調会長と会談。「道路特定財源の考え方」として、（一）〇八年度予算関連法案の年度内成立（二）道路特定財源は税制抜本改革時に一般財源化に向け見直し（三）道路整備中期計画は新たな交通需要予測をもとに見直し（四）公益法人への支出を含め道路予算の透明化、厳格化――などと列挙したメモを示し、野党と協議するよう指示した。

首相の意向も踏まえた修正案は、民主党が求める暫定税率の撤廃には触れていない。中期計画見直しでも期間や事業量の具体的な数値は盛り込まなかった。ただ、首相は「暫定税率は抜本改革の中で考えていい」と記者団に語り、暫定税率の取り扱いも修正協議の議

題とすることは拒まない考えを示した。
与党は二一日、野党側に修正協議を呼びかける。一方、民主党の鳩山由紀夫幹事長は一九日、「哲学、根本的な考え方の違いがあり、そこで譲歩することはあり得ない」と語り、修正協議入りは困難との考えを示唆した。

（asahi.com二〇〇八年三月一九日二一時二四分）

国民が問題にしているのは、道路特定財源の一般財源化などではない。国民が求めているのは、三〇年以上も倍にされている暫定税率を廃止することなのである。だから野党は道路特定財源の一般財源化などといわないほうがよい、と私はこれまでたびたび指摘してきた。もっとハッキリといえば、道路特定財源を一般財源化することは間違いであると私は主張してきた。すべての政党や評論家と違うことをいうことは、それなりに勇気が要ることなのである（笑）。しかし、私には確信があるから、あえて孤立は恐れない。だが、私の意見を押し付けようともしなかった筈である。

ところが与党修正案の中核は、〝道路特定財源の一般財源化〟である。紛争のもっとも根幹である暫定税率についてまったく触れないで、当面の争点になっていない道路特定財源を一般財源化するといった「修正案」を出すのだから、福田首相も谷垣自民党政調会長もお目出度すぎる。しかも、その時期は「税制の抜本改革時」だという。税制の抜本改正時とは、自公〝合体〝政権が消費税率を上げたいと考えているときである。これでは最初から話し合いにもならないのは当然であろう。

「一〇年間で最大五九兆円を投じる道路整備中期計画の見直し」も、どうでもよいことである。暫定税率を廃止すれば、そもそも道路整備中期計画を実行する予算など吹っ飛んでしまう。「公益法人への支出を含め道路予算の透明化、厳格化」とは、国会やマスコミが問題にしたタクシー券やマッサージ・チェアなどのことであろう。無駄遣いをするなと官僚にいくらいっても無駄というものである。子供と同じで無駄遣いさせないためには、余分なお金を与えないことである。それしかない。

「ただ、首相は『暫定税率は抜本改革の中で考えていい』と記者団に語り、暫定税率の取り扱いも修正協議の議題とすることは拒まない考えを示した」と記事には書いてある。もっとも根幹である暫定税率を〝抜本改革の中で考えていい〟とは、完全な先送りである。かなり先になると思われる抜本改革で取り扱うという暫定税率を、今回の修正協議でどのように決めようというのだろうか。そもそも福田首相がいつまで総理大臣をやっているのかも分からない。また抜本税制の改革を定める法律案が国会を通ることが果たしてあるのだろうか。福田首相は自分のいっていることの意味が分かっていないのだろう。

自公〝合体〟政権が「愚にも付かぬ〝修正案〟」を恥ずかしげもなく提示してきた一因に、野党がこれまで不用意に〝道路特定財源の一般財源化〟といってきたからではないか。〝道路特定財源の一般財源化〟など昔から大蔵省主計局がいってきたのである。そのことを知っていれば、社民党や共産党はおかしいことに気が付かなければならない。民主党は最初から正直いって勉強不足だから仕方がない（笑）。しかし、野党第一党なのであるから、勉強不足では済まされない。勉強不足は、政権担当能力以前の問題である。

二〇〇八年三月二九日（土）№７５４

## 一字一句も変えられないと……？

今日の議論はちょっと細かい。しかし、こういう議論もしないと戦いはできない。道路特定財源の暫定税率の期限である二〇〇八年三月三一日がいよいよ迫っている。暫定税率の期限越えは、もう明らかである。期限を過ぎれば、暫定税率を徴収することは不可能になる。もっとも自公〝合体〟政権が再可決で成立させようとしている問題の「租税特別措置法改正案」の附則第一条には、「この法律は、平成二〇年四月一日から施行する」とある。「この法律」とは、もちろん二〇〇八年二月二九日衆議院で強行採決した租税特別措置法改正案のことである。問題のガソリン税の暫定税率については、同法案八九条二項で次のように書かれている。

「平成五年一二月一日から平成三〇年三月三一日までの間に揮発油の製造場から移出され、又は保税地域から引き取られる揮発油に係る揮発油税及び地方道路税の税額は、揮発油税法第九条及び地方道路税法第四条の規定にかかわらず、揮発油一キロリットルにつき、揮発油税にあっては四万八六〇〇円の税率により計算した金額とし、地方道路税にあっては五二〇〇円の税率により計算した金額とする」

この法律では一キロリットルあたりの税額が書かれている。これを一リットルあたりの税額に直せば、毎日のように報道されているとおりだ。すなわち、揮発油税は本則税率の24・3円／ℓが48・6円／ℓに、地方道路税は本則税率の4・4円／ℓが5・2円／ℓに〝暫定的〟に引き上げられているのだ。本則税率とは、「揮発油税法第九条及び地方道路税法第四条」に規定されている税額である。

自公〝合体〟政権は、いろいろな〝くせ球〟を投げている。福田首相の「道路特定財源の全額を二〇〇九年から一般財源化する」というのも、〝くせ球〟のひとつである。けっこう多くの論者が、こんな〝くせ球〟に引っ掛かっている。まぁ、道路特定財源の暫定税率を巡る問題が最終的に決着するまで〝多くの論者がどのような主張をするのか〟、これは見ものである。税の問題は、政治の基本である。道路特定財源の暫定税率は、紛れもなく税の問題である。しかも一〇年間で三〇兆円の税金をどうするかという問題である。論者の本性が暴きだされていくのである。

＊

閑話休題。ところで冒頭に掲げた租税特別措置法改正案が再可決され、法律の条文どおりにこれを執行するとした場合、なぜ四月一日からガソリン税などの暫定税率をとることはできないのだろうか。なぜ四月一日からガソリンは当然のように下がるのだろうか。憲法八四条は「あらたに租税を課し、又は現行の租税を変更するには、法律又は法律の定める条件によることを必要とする」と規定している。租税法定主義と呼ばれるものである。自公〝合体〟政権が租税特別措置法改正案を再可決することは憲法で認められた正しいことだというのであれば、条文どおり道路特定財源の暫定税率は四月一日から適用されるとなぜ主張しないのであろうか。

現行の租税特別措置法八九条の「平成五年一二月一日から平成二〇年三月三一日まで」は、「平成五年一二月一日から平成二〇年三月三一日まで」と憲法の手続きに則り改正されたのであるから、四月一日に遡って執行することは条文によれば可能なのではないか。刑事罰について憲法は遡及処罰を禁止している。憲法三九条前段は、「何人も、実行の時に適法であった行為又は既に無罪とされた行為については、刑事上の責任を問われない」と規定している。

しかし、租税についてこのような憲法の規定はない。軽油引取税は蔵出し税でないので、四月一日から暫定税率を執行できないので当然のことながら価格を下げなければならない。これは不遡及の問題ではない。だが租税特別措置法改正案が再可決された場合には、また軽油引取税の暫定税率は復活するのだろう。その場合の始期は条文上どうなるのだろうか。事務当局のいうところによれば、それは再可決された租税特別措置法が公布された日からだといっている。

なぜ当然にそうなるのか。

事務当局は、暫定税率を適用するのは国民にとって負担を求めることであるから、四月一日に遡って執行することはできないという。政府も四月一日に遡及することはできないことを当然の前提として議論している。国民に税の負担を求めることをそのように厳格に考えているのであれば、始期がハッキリしていない法律を成立させることに、なぜ多くの人が疑問を抱かないのであろうか。憲法五九条二項の再可決で法律となるのは、前に衆議院で可決された法律案である。これを一字一句も変えることはできない筈である。

執行に疑義が出てくるような税法は、やはり問題のある法律案といわざるを得ない。問題のある〝租税に関する法律案〟を再可決すること自体が、そもそも問題なのである。河野議長は、ここのところを熟慮しなければならない。議会人としての見識が厳しく問われる問題である。かつて新自由クラブの代表として〝一世を風靡した政治家〟である。国民が拍手喝采できるような采配を示して欲しいと私は期待している。

# 物みな上がる中、ガソリンは値下げ！

二〇〇八年四月一日（火）No.757

いよいよ四月一日がきた。昨晩ニュース番組を観ていたら〇時〇分を期して暫定税率分を下げたガソリンスタンドに行列ができていた。〇時〇分を午前〇時というのか、それとも午前一二時というのか、私はいつも迷ってしまう（笑）。知っている人がいたらぜひ教えてもらいたい。ガソリン税の暫定税率を巡る問題は国民にいろいろなことを教えてくれた。これも昨年の参議院選挙で国民が勝ったからである。国民はこのようにstep by stepで鍛えられていく。国民の政治的成長とはそのようなものである。短気を起こしてはならない。

だから私は道路特定財源を一般財源化することについて、疑問を呈しながらも切り捨てるようなことはしないのである。それはそれを決断しなければならない局面で、黒白をつければよいことだ。いま国民が望み、直面している問題について「道路特定財源の一般財源化」などどうでもよいことだ。そんなどうでもよいことを、福田首相の大英断などとなぜ持ち上げるのだろうか。いつもいってきたように、暫定税率を廃止しただけで道路特定財源の税収は約半分になる。国も地方も道路以外に回す余裕などなくなる。道路以外に使う現実性がなければ、それを道路以外に使う（すなわち一般財源化する）ことをなぜいま決めなければならないのか。意味のないことである。

福田首相や知事たちは、〝地方に迷惑がかかる〟という。国も地方も確実に見込める税収を前提に予算を組むことなど当然のことである。道路特定財源の暫定税率が年度末にこのようになることは、当然に予想しておかなければならないことだったのである。暫定税率存続を要望するのは結構だ。だが要望は要望に過ぎない。国民はそういうことでいつも泣かされている。自公〝合体〟政権が衆議院の三分の二で再可決するということを信じることも勝手である。しかし、自公〝合体〟政権のいうことを信じて確定した税収と見込むことはおかしい。

それを〝税収に穴があく〟というのはお門違いだ。税の基本＝民主主義を理解していない言い分である。現に福田首相はこの期に及んでも再可決すると明言していないではないか。衆議院の三分の二による再可決など、そもそも異常かつ例外なのである。ましてやガソリン税の暫定税率を元に戻すことは、国民の三分の二が反対している。それが切実なものであることは、今日以降の国民の行動をみれば判る筈である。自公〝合体〟政権がどうしても再可決するというのならばならやればいい。そのとき国民はきっと炎と燃えるであろう。明日からは〝どうやって租税特別措置法改正案の再可決を阻止するか〟を論じなければならない。まだまだ戦いは続けなければならない。

## これは、〝夢か現《うつつ》か幻か〟（その一）

二〇〇八年四月五日（土）No.762

いま自公〝合体〟政権やマスコミは、ガソリン税の暫定税率を定めている租税特別措置法改正案は、四月二九日以降すみやかに再可決されガソリンの価格は元に戻ると盛んにいっている。本当にそうなのか。話はそれほど簡単ではない。今日の話はちょっと細かいが、日本語さえ読めれば決して難しいことをいっているのではない。こういう議論をしないと暫定税率の廃止はできない。

いま問題になっているガソリン税の暫定税率に関係する租税特別措置法改正案（以下、本改正案という）の条文を見てみよう。関係する条文はたった二条しかない。

「**平成五年一二月一日から平成三〇年三月三一日までの間に**揮発油の製造場から移出され、又は保税地域から引き取られる揮発油に係る揮発油税及び地方道路税の税額は、揮発油税法第九条及び地方道路税法第四条の規定にかかわらず、揮発油一キロリットルにつき、揮発油税にあっては四万八六〇〇円の税率により計算した金額とし、地方道路税にあっては五二〇〇円の税率により計算した金額とする」（第八九条二項）

「この法律は**平成二〇年四月一日**から施行する」（附則第一条）

今日論じるテーマに関係する部分だけ太字にしておいた。残りの部分はガソリン税の税額を去る三月三一日まで引き上げていた規定である。条文では一キロリットルあたりの税額が書かれている。これを一リットルあたりの税額に直せば、毎日報道されているとおりだ。この規定により、揮発油税は本則税率の24・3円／ℓが46・6円／ℓに、地方道路税は本則税率の4・4円／ℓが5・2円／ℓに〝暫定的〟に引き上げられていたのだ。本則税率とは、「揮発油税法第九条及び地方道路税法第四条」に規定されている税額のことである。

さて本改正案が参議院の賛成多数で可決あるいは衆議院の三分の二以上の賛成多数で再可決されたとき、これは法律になるのである。そうすると法律の条文からあり得ない事態が生じることになる。それが現在の状態なのである。二〇〇八年四月一日からこの法律が施行される日までこの状態が続くのである。だから「これは、〝夢か現《うつつ》か幻か〟」といったのだ。

この法律が成立した場合、条文だけからいえば「四月一日から施行される」というのであるから、この法律によれば現状は〝夢か幻〟ということになる。だが福田首相も混乱とか困ったことだといってはいるが、さすがに〝夢か幻〟と断ずる度胸はないようである。いま四月一日に遡ってガソリン税の暫定税率が課せられると主張する者はいない。誰もが国民に税の負担を遡って課すことはできないと考えている。それは結構なことである。

憲法三九条前段は、「何人も、実行の時に適法であった行為又は既に無罪とされた行為については、刑事上の責任を問われない」と規定している。これは刑事罰について不遡及を定めている条文である。租税に関しても同じような不遡及の原則があると考えられている。税を課すことは、それほど重要かつ厳粛な行為なのである。

それではこの法律によれば、ガソリン税の暫定税率はいつから国民に課せられることになるのか。この法律を眼光紙背に徹して読んでも「〇月〇日から課せられる」と読み取ることはできない。税法にとって、課税の始期と終期はきわめて重要なことである。実際にこの法律が成立した場合の始期はいつになるのか。いろいろなことがいわれているが、それはすべて解釈上の意見である。解釈上の意見など論者によって異なる。そうすると始期は法律上明確でないことになる。始期が条文上明確でない税法は、明らかな欠陥法律である。

参議院で審議が始まった本改正案は、現在では明らかな欠陥法案である。このような欠陥が生じたのは、野党が審議をしてくれなかったからだと自公〝合体〟政権はいうであろう。だから野党がそのことを指摘するのはおかしいという人もいるであろう。だが、それは政治的な理由になっても法律的なエクスキューズにはならない。法律論としては、あくまでも法律の論理として筋が通っていなければならないのだ。法律論として筋が通らない条文のある法律案を審議することは、国会として真面目な態度ではない。政府与党がまずやらなければならないことは、法律的な欠陥のない改正案を提出することである。

ガソリン税を再び元の暫定税率に引き上げることを内容とする本改正案には、法律として明らかな欠陥がある。本改正案を提出した政府与党は、税の課せられる始期が明確な法律案を国会に提出する義務がある。それは国民に対する義務である。税法として重要な欠陥のある本改正案を審議したり可決することなど、国会としてできないのだ。俗な言葉でいえば、〝顔を洗って出直して来い〟ということだ。政府与党は、どこから突かれても〝ベスト最高〟の予算案や法律案を国会に提出する義務がある。それもできないで、最後は衆議院の三分の二以上の再可決という強力《ごうりき》でやるのであれば、それはもう暴力団と同じだ。こんなことを許しては、わが国はもう終わりだ。

## これは、〝夢か現《うつつ》か幻か〟（その二）

二〇〇八年四月六日（日）№763

三月二九日の永田町徒然草№754「一字一句も変えられないと……？」というちょっと謎めいたタイトルを付けて論じたかったことは、「租税特別措置法改正案は税法として重大な欠陥があるのではないか」ということだった。

なぜ明快にそう断じなかったのか。三月二九日という時点では、一応まだ論理的に欠陥法案と断じることができなかったからである。私としてはもう少し考察しなければならない論点もあった。また他の人の意見ももう少し聴きたかったのである。たった一人で、誰も問題にしていないことに疑問を呈するのは、ドン・キホーテでもなければそんなに簡単にできることではない（笑）。

私は衆議院法制局をはじめとする専門家の話を聴き、何人かの親しい法律家と真剣に議論した結果、「いま参議院で審議されている租税特別措置法改正案は、重大な〝欠陥法案〟である」という結論に達した。そのことを論じたのが、昨日の永田町徒然草№762「これは、〝夢か現《うつつ》か幻か〟（その一）」である。重複は避けるが、欠陥ある租税特別措置法改正案がたとえ法律になったからといっても、欠陥がなくなる訳ではない。

租税特別措置法改正案が法律になるケースは、二つある。参議院が賛成多数で可決した場合とこの租税特別措置法改正案が衆議院の三分の二以上の賛成多数で再可決された場合である。どちらのケースで法律になった場合でも事態は同じである。前者のケースはまず考えられない。考えられるのは後者のケースだ。衆議院の三分の二以上の多数で再可決されたからといって、この欠陥が治癒される訳ではない。

こうした議論を三月三一日が過ぎるまで大っぴらにしなかったのは、戦術的かつ戦略的な配慮からであった。政治的議論は、できるだけ具体的にしなければならない。そうなるかもしれないという時点でいくら熱心に問題提起をしてみても、切迫感と説得力がいまひとつないのである。

道路特定財源の一般財源化の賛否について、私があまり執拗に論じないのもそのような理由からである。福田首相は〝二〇〇九年度から道路特定財源を一般財源化する〟と表明したが、現在の問題（争い）を解決することに役立つのだろうか。道路特定財源の暫定税率が高すぎることが問題なのである。暫定税率で引き上げられた道路特定財源の税収が多すぎるから、出鱈目な使い方をされるのである。暫定税率をどうするか具体的に触れないで、「二〇〇九年度から道路特定財源を全額一般財源化する」といわれても、国民は決して納得しないであろう。当たり前のことである。

租税特別措置法の施行日など、ふだんは誰も関心をもたないであろう。耳を傾けてもくれないであろう。しかし、〝一体いつからガソリンが高くなるのか〟は、いまや国民的関心事である。衆議院で再可決されたら直ぐに上がるといわれている。そうなると、マスコミも当然のことのように報道している。本当にそうなのだろうか。

なぜそうなるのか。それで問題は本当にないのか。そういうことを明らかにし、問題があればそれを追及するのが、ジャーナリズムの役割である。少なくともかつてのジャーナリズムには、その気概があった。ジャーナリズムがその気概をなくしたのであれば、私たちがインターネットを使ってやればよい。国民はワールドワイドのインターネットという情報伝達手段を手にしているのである（http://www. の〝www〟は world wide Web の頭文字である）。すでにハードウェアはある。これをどう使うかは、〝国民の政治力〟である。

自公〝合体〟政権が再可決しようとしている租税特別措置法改正案には、重大な欠陥がある。これではガソリンや軽油の価格を引き上げるとき、必ず大きな〝混乱〟が生じる。混乱が生じるのは、暫定税率の課せられる始期が法律に明記されていないという欠陥があるからだ。いまはその点を徹底的に追及することである。そうすると戦いはまた次のステージに移る。そうなったとき、次の問題を論じることにしよう。あまり先読みはよくない。山は一歩一歩と確かな足どりで攀《よ》じ登るものだ。政治も同じである。

## 道路特定財源と暫定税率は不可分（その一）

二〇〇八年四月一三日（日）№７７１

二日間ほど情けない状態をお見せしてしまった。健康は大切である。戦いをする者にとって、健康は武器である。健康でなければ、覇気がなくなる。覇気がなければ、相手を呑むことはできない。相手を呑んでかからなければ、戦いに勝つことなど出来やしない。〝喝〟である。これからは、気分が良いからといっても深酒は慎むようにしよう。

政府与党は道路特定財源を一般財源化するための会議を重ねている。これをマスコミがさも重大事のように報じている。民主党の鳩山幹事長は、閣議決定をしなければ与野党協議に入れないといっていた。逆にいえば、道路特定財源の一般財源化を閣議決定すれば与野党協議に応じ、妥協でもしようというのだろうか。結局、道路特定財源の一般財源化に関する認識がいい加減だからである。というより、税に関する認識と覚悟が不十分なのである。

税を取る方としては、税は「真水」の方がいいに決まっている。税の使途が決められていたのでは、権力者が自由に使えない事態が生じるからである。道路特定財源では、現にそういう事態が生じている。小泉内閣で政府与党が道路特定財源の一般財源化を口にするようになったときから、そういう事態があることを政府与党は認めているのである。

税を取られる方としては、立場が異なる。税は取られない方がいいに決まっている。仮に税を取られるとしても、税の使途がハッキリしていた方がまだ納得できる。自由主義社会は、政府に対する不信感から出発している。道路特定財源に限らず、わが国の〝政府・官僚の税の使い方を信頼せよ〟とでもいうのだろうか。本気でそう考えているとしたら、傲慢そのものである。官僚不信は、いまや国民的コンセンサスである。

道路特定財源のチャンピオンであるガソリン税についてその歴史をみれば、特定財源化と暫定税率の導入は不可分一体であることは明らかである。これから二回に分けてこのことを論ずることとする。ガソリン税の歴史的考察である。ある問題の本質を正しく見抜くためには、それが歴史的にどのように形成されてきたかを考察することは、きわめて重要な手法である。現実は歴史の集積だ。政治をみる場合、このことを忘れてはならない。

ガソリン税とは、揮発油（ガソリン）に課せられる揮発油税と地方道路税を合わせた呼称である。現行ガソリン税の本則税率は、揮発油税が一リットルあたり二四・三円、地方道路税が一リットルあたり四・四円である。合わせて一リットルあたり二八・七円である。現在は廃止されたが、去る三月三一日まで揮発油税として一リットルあたり四八・六円、地方道路税として一リットルあたり五・二円の暫定税率が課せられていた。ガソリン税は合わせて一リットルあたり五三・八円であった。

本則税率でも暫定税率でもガソリン税の中核は揮発油税である。そもそも揮発油税の歴史は戦前に遡る。揮発油税は、一九三七年ガソリンの代用燃料生産を助長する目的で創設された。一九四三年石油専売法の施行に伴いガソリンが配給制になったために、揮発油税は廃止された。ところが、一九四九年揮発油税法が制定され、揮発油税が復活した。

Wikipediaには「当時代用燃料車がガソリン車に比し割高であったのでそれとの均衡及び財源の確保等の見地から復活」したとあるが、〝代用燃料車〟とは一体何なのであろうか。木炭自動車のことなのだろうか。木炭自動車がガソリン車より割高であったとはちょっと考えられないのであるが……？　揮発油税法は一九四九年五月に施行された。その時、揮発油税は特定財源でも目的税でもなかった。揮発油に課せられる物品税であり、国税であった。

この揮発油税が道路特定財源とされたのは、よく知られているように一九五四年四月に施行された「道路整備費の財源等に関する臨時措置法」による。この法律は田中角栄議員らが中心になって制定した議員立法であった。この法律は、一九五八年に「道路整備緊急措置法」に継承され、さらに二〇〇三年に「道路整備費の財源等の特例に関する法律」に改題された。現在の国会に「道路整備費の財源等の特例に関する法律」を「道路整備事業に係る国の財政上の特別措置に関する法律」に改める法律案が係属している。

## ガソリンに課せられる税額の推移

一九五四年揮発油税が道路特定財源になってから、ガソリンに課せられる税は次のように増えていった（ガソリン税の推移が問題であるから法律の条文に従って、一キロリットルあたりの税額を記載した。増大した税額を考えながらみて欲しい）。

| | |
|---|---|
| 一九五一年一月 | 揮発油税一万一〇〇〇円／キロリットル |
| 一九五四年四月 | 揮発油税一万三〇〇〇円／キロリットル |
| 一九五五年八月 | 揮発油税のほかに地方道路税が課せられるようになる。その分だけガソリンに課せられる税額が増えたわけであるが、地方道路税が導入された時点の税率は手元に資料がないので不明である。 |
| 一九六四年四月 | 揮発油税二万四三〇〇円／キロリットルに引き上げ（プラス地方道路税の本則税率）。この間、他の道路関係税創設、自然増収等により大きな制度改定なし。 |
| 一九四七年四月 | 第七次道路整備五箇年計画の財源確保のため「暫定的」に揮発油税二万九二〇〇円／キロリットルに引き上げ（プラス地方道路税の暫定税率）。 |
| 一九七六年七月 | 揮発油税三万六五〇〇円／キロリットルに引き上げ（プラス地方道路税 |

| | |
|---|---|
| | の暫定税率）。 |
| 一九七九年六月 | 揮発油税四万五六〇〇円／キロリットルに引き上げ（プラス地方道路税の暫定税率）。 |
| 一九九三年一二月 | 揮発油税四六〇〇〇円／キロリットルに引き上げ、地方道路税五二〇〇円／キロリットルに（確か？）引き下げ（手元に資料がないので不確実）。（二〇〇八年三月三一日までの暫定措置） |
| 二〇〇八年四月一日 | 租税特別措置法の期限到来により揮発油税二万四三〇〇円／キロリットルおよび地方道路税四四〇〇円／キロリットルの本則税率に引き下げられる。 |

〈つづく〉

## 道路特定財源と暫定税率は不可分（その二）

二〇〇八年四月一四日（月）No.772

昨日の日曜定番の政治番組をみていたら気持ちが悪くなった。福田首相の道路特定財源の一般財源化提案を〝大英断〟と持ち上げる者がかなりいた。一九五四年揮発油税が道路特定財源になってから、ガソリンに課せられる税は前掲のように増えていった。このことを論者は知っているのだろうか。

一九五五年に揮発油税とともに、地方道路税がガソリンに課せられるようになった。道路特定財源の主役＝いわゆる「ガソリン税」が正式に誕生したのである。地方道路税は一九七四年の暫定的な引き上げによってもその税率はあまり大したものでないから、以下一九五五年の導入時の本則税率を四四〇〇円／キロリットルとすると、ガソリン税は道路特定財源とされた一九五五年ころの二ヵ年で、それ以前の一万一〇〇〇円／キロリットルが一万七五〇〇円／キロリットルに引き上げられたことになる（一万三〇〇〇円＋四四〇〇円＝一万七四〇〇円）。ガソリンに対する税額は、実に六〇％もアップしたのである。

ここで考えて欲しい。一九五五年ころのわが国では、ガソリン車はきわめて高価なものであった。一般庶民が買える代物ではなかった。ガソリン車は業務用か高額所得者しか買えない物であった。いうならば贅沢品といってよかった。贅沢品であるガソリン車を走らせるガソリンもまた贅沢品であった。この当時、贅沢品には各種の物品税が課せられていた。ガソリン税はその範疇の物品税であった。また日本の道路がきわめて劣悪であったことは事実であった。現在とは著しく事情を異にすることを忘れてはならない。

特に一九六四年四月のガソリン税のアップは注目しなければならない。道路特定財源になる以前のガソリンに課せられていた税金一万一〇〇〇円／キロリットルに比べれば、揮発油税二万四三〇〇円／キロリットルおよび地方道路税四四〇〇円／キロリットル、両者を合わせたガソリン税は二万八七〇〇円／キロリットルになったのである。実に三倍近くも増えたのである。しかも、モータリゼーションの波は地方にも一般家庭にも徐々及んでいた。多くの国民が関係する税になっていたのである。

三〇年以上も続けてきた「暫定税率」はないだろうというのは、人口にいちばん膾炙《かいしゃ》しやすい言い分である。悪名高いこの「暫定税率」が導入されたのは、一九七四年四月である。しかし、一九六四年四月のガソリン税の税率アップに比べれば、大したものではない。凄いのはこれをさらにアップした一九七六年七月と一九七九年六月の暫定税率である。このベラボウな税率アップを可能にしたのは、オイルショックしか考えられない。自公〝合体〟政権が地球温暖化対策を急にいい出して暫定税率の維持を正当化しようとしているのは、この故事を見習おうとしているのだろう。

専門家の分析によれば、ガソリンの価格と消費には反比例の関係がないという。自動車は、いまや生活必需品だからである。生活をするために必要なものであるから、ガソリン価格が高くなったからといって、自動車を使うことを止める訳にはいかない。公共交通手段が整備されている都市部では、自動車の使用が抑制されることがあっても、地方ではそんなに変わりがないのだ。道路特定財源を一般財源化して環境税に振り向けるという論者は、環境や地球温暖化問題を真剣に考えているのだろうか。再考してもらいたい。

環境税を導入することに私は反対しない。だが、ドサクサに紛れて道路特定財源を環境税に衣替えしようという考えには、賛成できない。環境対策は重要であるが、税は民主政治の基本だ。環境対策も国民の理解と協力がなければ成果を収めることは決してできないであろう。あわせてディーゼル車とその燃料である軽油に対する税＝軽油引取税も再考する必要がある。軽油引取税も道路特定財源であり、地方税である。暫定税率がガソリンと同じように課せられている。環境問題の基本は、石油を無駄に使わないことである。原油を精製するとガソリンとともに一定の比率で軽油もできる。軽油をガソリンと同じように大切に使うことが大切である。ディーゼル車の開発では、わが国はヨーロッパに大きく遅れをとったようである。ガソリンと軽油に対する課税は一元的な視点で行わないといけない。

以上、かなり細かい議論にお付き合い頂いた。このようにガソリン税の推移をみると、ガソリン税を道路特定財源にしたこととその税の税額アップには深い関係があることが理解できるであろう。暫定税率の導入とその税率アップも、道路特定財源という大義名分がなければ決してできることではなかった。だから、道路特定財源と暫定税率問題は、不可分一体なのである。従って、暫定税率に触れない、あるいは暫定税率を維持したまま道路特定財源を一般財源化する議論など、事の本質や歴史的経緯を弁えない〝為にする詭弁〟である。

現実として存在したものには、確かに合理的な理由もあった。だが、諸行無常。道路特定財源という大義名分も永遠には正しくない。大義名分がなくなったら、現実に則して大義名分を見直すことが〝真の改革〟である。税の換骨奪胎《かんこつだったい》は、卑劣な手法である。新しい税を設けるためには、新しい皮袋をまず作らなければならない。そうしないと新しい税が腐ってしまう。権力者に安易な道を歩ませてはならない。民主主義社会の要諦である。

## 暫定税率は即日公布・施行!?

二〇〇八年四月二四日（木）№７８２

今日のは長い。だが内容は単純なので最後まで読んで欲しい。昨日の永田町徒然草№７２１「ガソリンはいつから上がるの？」で私は素朴な質問をした。私には私なりの考えはある。しかし、私は無位無官の一市井人でしかない。そんな私の考えどおりにならなくても仕方ない。だが実際にどのようになるのか知りたかったし、これだけガソリン税の暫定税率の問題にお付合い頂いた読者に実際にどうなるのかお知らせしたいと思い調べることにした。

本来ならば財務省主税局税制第二課（消費税、たばこ税、酒税、揮発油税といった間接国税に関する制度の企画・立案を担当しているところ）に聴くのが本筋なのだが、それは政府の言い分を聴くことである。彼らがいうことは、税を取る立場からできるだけ政府に有利なことをいうに決まっている。それに彼らがいうことはだいたい想像できる。そんな者のいうことを聴いても仕方ないと私は思った。

そこで知り合いの新聞記者に電話をしてみた。「いま巷間いわれているように与党が四月三〇日に租税特別措置法改正案を再可決した場合、一体いつから暫定税率はガソリンや軽油に課せられるの？」と尋ねたところ、「それは再可決の日からじゃないですか」という。「そうすると四月三〇日ということになるの？　法律は国会で可決され成立しても公布されなければ施行できないんだよ」と聴くと「そんな専門的なことは知らないのです。調べてみます」と答えた。「大事なことだから調べてみてよ」といって私は電話を切った。

次に共産党に電話することにした。こういう問題は共産党がいちばん厳しい筈だと考えたからである。共産党本部に電話し広報に回して欲しいと頼んだ。〝国民の声〟というところに電話は回された。「四月三〇日に与党が租税特別措置法改正案を再可決した場合、ガソリンはいつから上がるのでしょうか。教えて欲しいのですが」と尋ねたところ、「そういう問題は国会の調査局（名称は自信がない）がありますので、そちらに聴いて下さい」と答え、電話番号を教えてくれた。そこで教えてもらった電話番号に電話した。同じような質問をしたところ、「再可決の日からじゃないですか」との答えが返ってきた。

「私は弁護士の白川勝彦という者ですけど、法律は公布されなければ施行できないのではないですか。四月三〇日に再可決したとしてもなぜその日のうちに公布され施行されることになるのでしょうか」と質問すると、「白川勝彦さん。存じております。ちょっと調べてみますので時間を下さい」とのことであった。「それでは調べて下さい」といって私の電話番号を伝えて電話を切った。

次に民主党本部に電話をした。広報に繋いでもらい、同じような質問をしたら「それならば、国会に政務調査局（名称には自信がない）がありますのでそちらの方に聴いてください」との答えであった。そこで国会に電話をして「民主党の政調をお願いします」というと電話は直ぐ繋がった。そこで私は同じような質問をした。そうすると同じような答えであった。すなわち「再可決の日からです」というのである。

「どうして再可決の日からなのでしょうか」と尋ねると「政府は即日公布・施行といっておりますから、再可決の日から施行されることになると思います」というのである。私は「しかし、公布には一定の手続きがあるので即日公布・施行という訳にはいかないのではないでしょうか」と重ねて尋ねると「どういうご趣旨の質問なのでしょうか」と答える。

「私はガソリンや軽油が実際いつから値上げになるのか知りたいので、お尋ねしているのです。法律が国会で可決・成立しても、公布されなければ実際には施行できないのではないでしょうか。だから四月三〇日に再可決されても、その日から施行する訳にはいかないと思うのですが」と重ねて尋ねると「政府は即日公布・施行といっているのです。そういう前例もあるのです」と力強く答えるのである。

「本当にそれで良いのでしょうか」と重ねて尋ねると「政府はそういっています。法制局長官のそのような答弁もあります。だから再可決の日が公布・施行の日ということになり、その日から暫定税率が課せられることになると思います。いったいどのようなご趣旨の質問なのでしょうか」と重ねて答えるのである。「民主党はそれでよいと考えているのでしょうか」とさらに尋ねたところ、「ちょっと電話が入ったので」と電話の声は途切れた。まぁ、待っていても良かったのだが、これ以上話してもあまり得るところがないと思ったので私は電話を切った。

暫くすると先ほどの共産党の人から電話が入った。「やはり再可決の日か翌日からだと思います。政府は即日公布・施行といっておりますから、そういうことになると思います」との答えであった。「再可決したその日に閣議決定して、天皇陛下から御名御璽をいただいて、独立行政法人国立印刷局が官報に掲載しこれが霞ヶ関の政府刊行物サービス・センターにおかれた時に公布となりますから、即日公布・施行はできると政府はいうのです」との答えであった。「私はそんなことは知っていますが、そんな通例でない公布は許されるのでしょうか。そのことを聴きたかったのです」と尋ねると、「政府がそういっているのであり、それがいいと私たちが思っている訳ではありません」との答えが返ってきた。私はそれ以上尋ねるのを止めることにした。

まぁ、大雑把にいうとこういう事であった。やりとりの言葉の多少の違いは勘弁してもらいたい。私が聴きたかったのは政府の言い分ではない。彼らのいうことはだいたい想像できる。だから財務省主税局には最初から電話を入れなかったのだ。私が民主党や共産党に訊きたかったことは、「再可決の日から施行される」と主張する政府の考えに民主党や共産党がどう考えているのかを知りたかったのだ。少なくとも以上のような答えをするようでは、ガソリンや軽油に暫定税率が実際に課せられるのを一日でも遅らせようとする雰囲気は感じられなかった。民主党からは「どういうご趣旨の質問なのでしょうか」と二度もいわれた。私の質問の意図がまったく理解できないのであろう。

＊

国会は戦いの場である。学問的な議論をするところではない。法制局長官が四五年も前に答弁したことを金科玉条のように扱うことはできないであろう。しかも法制局長官の答弁は国税通則法案という手続法に関する答弁なのであって、税法そのものに関するものではない。刑罰法規が遡及できないことは憲法が定めている。税を課すことも同じように厳格に考えなければならないと多くの人々は考えている。

そうすると税を課す場合、始期と終期を定めることは慎重でなければならない筈だ。租税特別措置法改正案が四月三〇日に再可決されることは多くの国民が知ってはいるが、その場合その施行日（すなわち暫定税率がガソリンや軽油に現実に課せられる日）が〇月〇日になるのか、ほとんどの国民は確とは知らないであろう。法律を知っている者すなわちリーガルマインドをもっている者ならば、新たな税負担を求める税法を即日公布・施行することは乱暴であると考える筈である。

社民党や国民新党には電話をしなかったが、野党に必要なのは国民の利益を守ろうという決意である。道路特定財源の暫定税率が復活すれば、国民から一日につき約一〇〇億円近くの税金が取られるのである。しかも国民の六〇％以上が再可決による道路特定財源の暫定税率の復活に反対しているのである。そうだとしたら一日でも不条理な施行を遅らせることは正義である。そのために戦うことは〝権利のための闘争〟である。この問題意識のない人といくら話しても時間の無駄である。私は少しでも問題意識をもっている者に働きかけることにした。だいたい理解してもらったが、それを国会の場で使ってくれるのか注目している……。

多くの国民がガソリンや軽油が〇月〇日から値上がりするのか本当に知りたいのだ。一日でも延ばしてもらいたいのだが、それがダメならばせめて実際に〇月〇日から暫定税率が課せられることになるのか正確に教えてもらいたいのである。そうしないと暫定税率が課せられない安いガソリンをいつ仕入れたらよいのか、いつ買ったら良いのか分からない。「政府が即日公布・施行といっているのだから、再可決の日と想定される四月三〇日（もしくは翌日の五月一日）でしょう」というのでは、〝政府がこの日だといった日がそうだ〟というのと同じではないだろうか。〝なんだか江戸時代に戻ったような気がする〟との昨日の慨嘆は、誇張ではないようである。本当にそんなことで良いのか？

## 公明党の苦しい事情!?

二〇〇八年四月二六日（土）No.784

ごく恵まれた人は、今日からゴールデン・ウィークという方もおられるかもしれない。私は五月三日まで暦どおり仕事をする。それまでに土日も〝昭和の日〟もあるが、とても休んでいる訳にはいかない。この四ヶ月間、取り組んできた道路特定財源の暫定税率問題がいよいよ正念場を迎えるからである。今更どうにもならないという雰囲気が国会内外に流れているが、そうはいかない。

マージャンをしていると〝勝負は下駄を履くまで判らない〟とよくいう。政治の世界もそうだ。勝負は最後の最後まで戦わなければならない。その執念が思わぬことを実現するのだ。私が支持率七五％を誇る細川護熙首相を退陣に追い込んだのもそうした執念であった。細川首相は私が追及した一億円疑惑で進退窮まってしまったのだ。支持率二五％の福田首相を追い詰めることなど必死になればできる筈なのだが……。自公〝合体〟政権が衆議院で三分の二を超える議席をもっていることなど、最初から分かっている。〝だから仕方ないのだ〟では、最初から勝負を投げているようなものである。

衆議院の頭数では、確かに勝負にならない。しかし、国会は言論の府なのだ。言論の戦いは、頭数だけで勝負が決まる訳ではない。言論の質が問題なのだ。だから私はガソリン税が実際に値上げされるその日まで勝負を投げない。この二日間、政府がいっている即日公布・施行の問題を論じてきた。わずか数日の違いかもしれない。だが、その可能性があるならば、最後の最後まで必死に努力しなければならない。

その必死さが、人の心を打ち、政治を動かすのだ。施行日の問題だけではない。そもそも今回の再可決は憲法違反の行為である。こういうことを再可決する衆議院の本会議場で堂々と論じなければならない。税法として大きな欠陥がある租税特別措置法改正案を再可決することには、河野洋平議長の責任も問わなければならない。それ以外にも、論争すべきテーマはいっぱいあるのである。野党は、やれることはなんでもやらなければならないのだ。〝モンセキ・モンセキ〟と叫ぶだけでは、それは論戦ではない。

ところで自公〝合体〟政権は即日公布・施行になぜ拘《こだわ》るのだろうか。山口二区の選挙結果にかかわらず四月三〇日に再可決することを決めた時の、伊吹幹事長をはじめとする自民党幹部の言動は、最悪のパフォーマンスだった。血も涙もない冷血鬼という印象を国民に与えるものだった。政治が分かる者ならば、こんな馬鹿なことは絶対にやらないものだ。同じことをするにしてももっと知恵を絞るものだ。国民の政治的雰囲気に敏感だった自民党が、どうしてこんな知恵のない馬鹿なことをするのだろうか。

租税特別措置法改正案を四月三〇日に成立させ、即日公布・施行させないと公明党は困ったことになるのだ。この法律案には、四月三〇日に期限切れになる自動車重量税の暫定税率を延長することも含まれている。自動車重量税とは、車検の時に前払いでまとめて払うあの税金である。暫定税率が延長されないと、五月一日から暫定税率が復活する日まで、この暫定税率が取れなくなるのである。その税額はかなり大きいのである。

自動車重量税は、一九七一年に施行された自動車重量税法に基づき課せられる国税である。自動車を購入する時や車検の時に印紙を買って納付する。このため「車検代」と誤解されることが多い税だ。暫定税率は、本来の税額（本則）の約二・五倍となっている。ちなみにガソリン税の暫定税率は約二倍である。自動車重量税も道路特定財源のひとつといわれている。自動車重量税は、自動車先進国のドイツ、フランスでは、道路を傷めることが多い大型車には課税されているが、普通車には課税されていない。この自動車重量税について、公明党は昨年の参議院選挙の際に次のように公約している。

「自動車関係諸税は、公共事業五ヵ年計画や道路特定財源のあり方の検討にあわせ、見直します。その際、特に自動車重量税については、その財源が本来の道路整備事業に活用されていない現状にかんがみ、例えば、暫定税率の引き下げにより納税者に還元することや、その使途のあり方を検討することなど、見直します」（二〇〇七年六月一四日付公明党マニフェスト２００７政策集から抜粋）

ああいえばジョウユウの公明党のことであるから、上記文章の「その際」とは、「公共事業五ヵ年計画や道路特定財源のあり方の検討」の際のことであるのだろう。今回は「公共事業五ヵ年計画や道路特定財源のあり方」が検討されている訳ではないから、自動車重量税の「暫定税率の引き下げにより納税者に還元すること」をしなくても公約違反にならないと強弁するのであろう。しかし、各種の道路特定財源の暫定税率が廃止され、これを元の暫定税率に戻すことに国民の三分の二近くが反対し、このことの是非が国会の最大の焦点になっているのだ。これでも「道路特定財源のあり方が検討」されていないというのならば、何をか言わんやである。

自動車重量税の暫定税率が廃止された（あるいは期限切れで失効した）場合、自動車重量税の暫定税率がガソリンと同じように大きな問題となる。自動車重量税の暫定税率が国民の関心になる。公明党が〝暫定税率の引き下げにより納税者に還元する〟という公明党の公約と正反対の行動をした場合、国民は公明党の公約違反を必ず非難するであろう。だから暫定税率がたとえ一時的でも廃止されると公明党は困るのだ。

だが、自動車重量税の暫定税率が引き下げられず元のまま存続することになるのは、公明党が自民党と一緒になって租税特別措置法改正案を再可決するからなのである。自民党だけではできないのだ。その意味で公明党の責任は大きい。しかも公明党の公約に反することなのだ。

だから公明党としては、租税特別措置法改正法を即日公布・施行させたいのだ。自民党や官僚たちも公明党のこうした苦しい事情を察し、そこに悪乗りして即日公布・施行といっていると私は考える。

だがそんなことをしてみても公明党が公約違反のことをするのに変わりはない。公約違反が表沙汰になるか、うまく誤魔化されるかの違いでしかない。だが、国民は賢明である。国民は必ずこのことを見抜くであろう。野党もマスコミもこのことを大きな声で非難しなければならない。もはや公明党の政治行動の欺瞞性を見逃すことは許されない。このことを曖昧にするようでは、野党やマスコミの本性に対しても疑いが生じてしまう。少なくとも五月二日までは、国会の動きから目を逸らしてはならない。とても休んでいる訳にはいかない。

後記：さっき午前五時のＮＨＫニュースを聴いていたら、五月に暫定税率が復活した場合、ガソリン価格の上昇分と合わせるとレギュラーガソリンは一リットル約三〇円値上がりし、史上最高の価格になるといっていた。〝五月〟といっていた。少なくとも四月三〇日あるいは五月一日とはいっていなかった。私の即日公布・施行についての主張が少しは影響あったのだろうか。そうだとしたら嬉しい。皆んながいえば政治は変わるのだ。他のテレビ局や新聞がどのように報道するのか注目しておいて欲しい。さらに……。

二〇〇八年四月二八日（月）№788

# 四月三〇日は、本当に六一日目!?

憲法五九条四項「参議院が、衆議院の可決した法律案を受け取つた後、国会休会中の期間を除いて六〇日以内に、議決しないときは、衆議院は、参議院がその法律案を否決したものとみなすことができる」という条文は有名になった。ところで、この条文でいうところの「六〇日以内」とは、いったい〇月〇日から道路特定財源の暫定税率を復活するという再可決は可能になるのだろうか。

道路特定財源の暫定税率を今後さらに一〇年間にわたって復活することを内容とする租税特別措置法改正案が衆議院で強行採決され、参議院に送付された（すなわち参議院がこの法案を受け取った）のは二〇〇八年二月二九日であった。そうすると一体いつから再可決することができるのだろうか。むかし司法試験受験の時に勉強したことを念のために復習してみた。

「民法第一篇　総則　第五章　期間」（一三八条〜一四三条）がこういう問題の基本を定めている。関係する条文だけをピックアップする。民法はいまなおカタカナで書いてあるので、そのまま掲載した。

・第一三八条　期間ノ計算法ハ法令、裁判上ノ命令又ハ法律行為ニ別段ノ定アル場合ヲ除ク外本章ノ規定ニ従フ
・第一四〇条　期間ヲ定ムルニ日、週、月又ハ年ヲ以テシタルトキハ期間ノ初日ハ之ヲ算入セス但其期間カ午前零時ヨリ始マルトキハ此限ニ在ラス
・第一四一条　前条ノ場合ニ於テハ期間ノ末日ノ終了ヲ以テ期間ノ満了トス
・第一四二条　期間ノ末日カ大祭日、日曜日其他ノ休日ニ当タルトキハ其日ニ取引ヲ為ササル慣習アル場合ニ限リ期間ハ其翌日ヲ以テ満了ス

今回の問題を考える場合、民法第一三八条がいう「法令に別段の定め」はないようである。従って以上の規定で考えてよいようである。憲法五九条四項は「六〇日以内」と書いてあるから「期間ヲ定ムルニ日ヲ以テシタルトキ」にあたる。だから「期間ノ初日ハ之ヲ算入セス」ということになる。だから今回の法律案が強行採決された二月二九日に参議院に送付されたとしても（参議院がいつ受け取ったとしているのかは、確認していない。たぶん二月二九日に受け取ったとしているのだろう）、三月一日から期間は進行する。

三月一日から「六〇日以内に議決しないとき」とは、いったい〇月〇日なのだろうか。「六〇日以内」が六〇日目の日を含むというのは、小学校で習ったことである。そうすると三月が三一日あり、四月が二九日経過したときが「六〇日目＝期間の末日」ということになる。すな

わち31＋29＝60という算数の問題である。

ところが、ここで問題になるのが、民法第一四二条の「期間ノ末日カ大祭日、日曜日其他ノ休日ニ当タルトキハ其日ニ取引ヲ為ササル慣習アル場合ニ限リ期間ハ其翌日ヲ以テ満了ス」という規定である。「其日ニ取引ヲ為ササル慣習アル場合ニ限リ」の「取引」というのは、商売に関することであり国会の審議はこれに当たらない、と果たして本当にそういえるのだろうか。「大祭日、日曜日其他ノ休日」に国会の審議を行わないことは、国会の慣習である。審議をしてはならないという法律はないが、非常時でなければまずあり得ない。

このように考えると、憲法五九条四項の「参議院が、衆議院の可決した法律案を受け取った後、国会休会中の期間を除いて六〇日以内に、議決しないとき」とは、四月二九日の翌日である四月三〇日を過ぎた日すなわち二〇〇八年五月一日なのではないかとの疑問が生じる。すべてのマスコミが自公〟合体〝政権は「四月三〇日に再可決する」といっているが、そのことに本当に絶対の自信があるのか。〝政府がそういっているのだからそうなのだ〟というのであれば、江戸時代の瓦版屋と同じである。ジャーナリズムに求められるのは、旺盛な批判精神なのである。

旺盛な批判精神を〝反体制〟とはいわない。政府は〝反体制〟と呼ぶだろう。だが、旺盛な批判精神こそが健全な自由主義社会を形作ってきたのである。少し細かいことのようだが、〝即日公布・施行〟にも同じような問題点がある。いずれにせよ、最近の自民党と公明党は

〝血走っている〟としか思えない。自公〝合体〟政権の政治家たちはいろいろなことを言っているが、国民の心に染み入るものが果たしてあるのだろうか。私にはどうしてもそう思えないのであるが……。私の感覚がズレているのだろうか……。まぁ、その決着はいずれつける。

この数日間は、すべての政党や政治家の本性が剥き出しになる。マスコミやジャーナリズムの実態が露呈される。そこに登場する政治評論家やコメンテーターの本音と政治的スタンスが明らかになる。こんな機会は滅多にない。政治に関心をもつ人や政権交代を望む者は、ゴールデン・ウィークだからといってウツツを抜かしている訳にはいかない。永田町徒然草は、最後の最後まで戦う！　勝負は下駄を履くまで諦めてはならない。

## 今回の再可決は、憲法違反

二〇〇八年四月二九日（火）No.790

明日四月三〇日、自公〝合体〟政権は道路特定財源の暫定税率を今後さらに一〇年間にわたり課税することを内容とする租税特別措置法改正案を再可決し、五月一日から元の高い暫定税率が復活するとマスコミは既定事実のように報道している。だが憲法五九条二項および四項による今回の再可決は、憲法上問題はないのか。このことを誰も問題にしないのは、なぜなのだろうか。憲法学者はいったい何を考えているのだろうか。これまで道路特定財源の暫定税率に関することは、ほとんど述べてきたつもりであるが、今日はこの問題を論ずることにする。

およそ憲法の条文には、さまざまな解釈がある。憲法九条の解釈は数十もの解釈があるというではないか。司法試験の勉強をしているとき、まさかこんな単純な条文は意見が分かれていないのだろうと思って読み始めるといろいろな解釈があるのである。だから読み飛ばす訳にはいかない。法律の勉強とはそういうものである。私は法律の勉強を通じて、物事にはさまざまな見方があるということを知った。少数意見にも、多数意見が見落としている貴重な観点があるのである。これは政治家となったとき、非常に役立った。

法律家は、世間では屁理屈をいうことを事とする人物と思われているようである。法律家は、屁理屈を楽しんでいるのではない。ある価値や利益を守るために、戦いとして法律論を組み立てるのである。憲法の解釈などは特にそうである。憲法の解釈をする場合、その根底には政治的価値や政治的理想がある。その価値や理想を実現するために、〝権利のための闘争〟として憲法解釈が行われるのである。この基本をまず押さえておいて欲しい。

今回の租税特別措置法改正案の再可決をめぐる実体的問題とは、何であろうか。まず道路特定財源の暫定税率が高すぎることである。国民は道路が必要でないなどと少しも思っていない。しかし、道路もそれなりに整備されてきた。欲をいえばキリはないが、自動車を所有し走行するためには費用が嵩《かさ》む。その自動車関係諸税は明らかに高すぎる。暫定税率でほとんどの自動車関係諸税が倍以上になっている。もう本則税率の範囲内で道路整備をして欲しいと多くの国民は考えている。その按配具合・バランスを問題にしているのである。私はきわめて健全なバランス感覚だと思う。

この健全なバランス感覚から国民の六〇％以上が道路特定財源の暫定税率を今後さらに一〇年間も維持することに反対しているのである。いっぽう本則税率の三兆数千億円では除雪や補修工事しかできないと自公〝合体〟政権や知事や市町村長たちはいっている。だが、それは真っ赤な嘘である。三兆数千億円の道路特定財源があれば、必要な道路の整備は十分できる。もしそれでできないというのなら、一般財源を道路予算に回せば良いだけのことだ。その場合に文教や福祉の予算を削ってまで作らなければならない道路か、という国民の真剣な議論が行われることになる。

地方財政に〝穴があく〟と福田首相も知事たちもいっているが、自公〝合体〟政権が参議院で過半数を失ったのであるから、道路特定財源の暫定税率が廃止される可能性があることはある程度考えておかなければならなかったのだ。暫定税率で入ってくる税収は、会社でいうならば見込期待額にすぎない。見込んでいた売上金が入ってこなかったといって手形を決済しなかったら、不渡手形となり倒産である。そんなことをいっている福田首相や知事たちは、地方公共団体を経営する能力が欠如しているのである。恥ずべきことなのであるが、逆に居直っているのだから始末に負えない。

以上がいま争われている実体的問題である。本来ならば福田首相や知事たちがいくら泣いても叫んでも、国会が租税特別措置法改正案を成立させてくれなければ本則税率の税収で道路の整備は行うしかないのである。国会の意思が暫定税率に反対ならば、それで我慢するしかない。多くの国民はそれで少しも困ったと思っていない。もしそれでいろいろな不都合が生じてきたら、そのときに考えれば良いと考えている。私もそれで良いと思っている。税とサービスの関係を考える癖を、わが国民はもっと身につけた方が良いと考えているからだ。

それなのに自公〝合体〟政権は、二年七ヶ月前に行われた郵政選挙で獲得した化け物のような議席を衆議院でもっていることを奇貨として、憲法五九条二項および四項で租税特別措置法改正案を再可決して、法律にしようとしているのである。こうした行為が、憲法上問題にならない筈がない。ほとんどの憲法学者はこの実態に目を向けようとしていないのである。このような実体的問題があるのに、憲法五九条二項および四項の解釈として何らの疑念がないというのは、最初から問題意識がないからである。

かなり長くなってしまった。私の憲法五九条二項についての考えの基本は、永田町徒然草№776「再可決に必要な憲法上の要件は？」に述べておいた。これはまだ試論だが、その根幹には自信がある。この考えによれば、二〇〇八年四月三〇日、自公〝合体〟政権が「道路特定財源の暫定税率を今後さらに一〇年間課税することを内容とする租税特別措置法改正案」を再可決することは、憲法五九条二項および四項に違反する行為である。野党が明日の衆議院本会議でこの点をどのように主張するのか、私は注目している。〝昭和〟憲法は、〝権利のための闘争〟を行う者にとって武器になるのだが……。

## 白昼堂々の三〇兆円の強奪

二〇〇八年四月三〇日（水）No.791

ついに四月三〇日が来た。昨日からガソリンスタンドには安いガソリンを求める国民が列を作っているという。今日は一日中タンクローリーが製油所からガソリンスタンドに向って疾走する。もちろん今日の夜もガソリンスタンドには車の列ができるであろう。五〇リットルで満タンの車で一五〇〇円くらい安いのである。昔、〝パンが食えない〟と庶民がいったら〝だったらケーキを食べたら〟といったのは、マリー・アントアネットであった。マリー・アントアネットは、断頭台の露と消えた……。

自公〝合体〟政権の政治家たちは、〝粛々〟と再可決するといっている。なにが〝粛々〟とだ。四月三〇日が参議院に送付した日から「六一日目」であるかどうかなのも疑わしい。しかも今日可決して、〝即日公布・施行〟するという。そもそも憲法に違反する暴挙なのである。再可決に必要な化け物のような議席は、郵政選挙という詐術的手段で詐取した議席である。こんど解散総選挙をやったら絶対に取ることができない議席である。どんなに長くてもあと一年四ヶ月しか寿命がない化け物が〝ドタバタ〟と力ずくで、国民から三〇兆円の税金を強奪しようとしているのだ。

そして道路以外にも使えるようにしようとしている。こんどはマッサージ・チェアやミュージカルじゃ済まないぞ。こんどは六〇兆円（道路特定財源の一〇年分）が何に使われるか判らないぞ？　使途が限定されている税の方が国民にとってはまだマシなのである。いままでは道路以外に使えなかった。だから無駄使いがすぐにバレた。こんどは政治的・政策的な厚化粧を施せば、何に使っても悪事はバレない。ほとんどの人が道路特定財源の一般財源化に賛成だといっている。これが三〇兆円（暫定税率の一〇年分）の強奪をやり易くしている。政党や政治家は、税の問題を知らないでは済まされない。

今日は法律の仕事を休みにして、朝から国会にいるつもりである。三〇兆円の強奪が行われようとしているのをこの目で現認するためである。自公〝合体〟政権の化け物のような所業をこの目に焼き付けておきたいのだ。自公〝合体〟政権の片割れである公明党は、公約違反という大罪を行うのである。自動車重量税の暫定税率の一〇年間延長も同時に行われるからだ。なぜマスコミはこのことに一言も触れないのであろうか。どうも怪しいぞ!?　〝即日公布・施行〟というのもみておきたい。いろいろな化け物が跳梁跋扈している。なにが〝夢か現か幻か〟をこの目でシッカリ確認しておかないと、不埒者を処分するとき後味《あとあじ》が悪い。野党が頑張れば、待ち時間が多くなる。時間があれば国会でupdateする。

二〇〇八年五月三日（土）No.795

## 〝権利のための闘争〟の章典

日本国憲法が一九四七年五月三日施行されて六一年が経過した。今日は〝憲法記念日〟である。今日も例年のように改憲派と護憲派の集会が開かれるのであろう。そのような集会に出席する予定はない。もちろん改憲派の集会に出席するつもりはないが、これまで護憲派が主催する憲法記念日の集会に参加したこともない。私にとって憲法は日々の戦いの章典であり、武器なのである。

### 〝権利のための闘争〟としての憲法解釈

法律家は、世間では屁理屈をいうことを事とする人物と思われているようである。法律家は、屁理屈を楽しんでいるのではない。ある価値や利益を守るために、戦いとして法律論を組み立てるのである。憲法の解釈などは特にそうである。憲法の解釈をする場合、その根底には政治的価値や政治的理想がある。その価値や理想を実現するために、〝権利のための闘争〟として憲法解釈が行われるのである。この基本をまず押さえておいて欲しい。

今回の租税特別措置法改正案の再可決をめぐる実体的問題とは、何であろうか。まず道路特定財源の暫定税率が高すぎることである。国民は道路が必要でないなどと少しも思っていない。しかし、道路もそれなりに整備されてきた。欲をいえばキリはないが、自動車を所有し走行するためには費用が嵩《かさ》む。その自動車関係諸税は明らかに高すぎる。暫定税率でほとんどの自動車関係諸税が倍以上になっている。もう本則税率の範囲内で道路整備をして欲しいと多くの国民は考えているのである。その按配具合・バランスを問題にしているのである。私はきわめて健全なバランス感覚だと思う。

この健全なバランス感覚から国民の六〇％以上が道路特定財源の暫定税率を今後さらに一〇年間も維持することに反対しているのである。いっぽう本則税率の三兆数千億円では除雪や補修工事しかできないと自公〝合体〟政権や知事や市町村長はいっているのである。だが、それは真っ赤な嘘である。三兆数千億円の道路特定財源があれば、必要な道路の整備は十分できる。もしそれでできないというのなら、一般財源を道路予算に回せば良いだけのことだ。その場合に文教や福祉の予算を削ってまで作らなければならない道路なのかという国民の真剣な議論が行われることになる。

地方財政に〝穴があく〟と福田首相も知事たちもいっているが、自公〝合体〟政権が参議院で過半数を失ったのであるから、道路特定財源の暫定税率が廃止される可能性があることはある程度考えておかなければならなかったのだ。暫定税率で入ってくる税収は、会社でいうならば見込期待額にすぎない。見込んでいた売上金が入ってこなかったからといって手形を決済しなかったら、不渡手形となり倒産である。そんなことをいっている首相や知事は、地方公共団体を経営する能力が欠如しているのである。恥ずべきことなのであるが、逆に居直っているのだから始末に負えない。

以上がいま争われている実体的問題である。本来ならば福田首相や知事がいくら泣いても叫んでも、国会が租税特別措置法改正案を成立させてくれなければ本則税率の税収で道路の整備は行うしかないのである。国会の意思が暫定税率に反対ならば、それで我慢するしかない。多くの国民はそれで少しも困ったことだとは思っていない。もしそれでいろいろな不都合が生じてきたら、そのときに考えれば良いと考えている。私もそれで良いと思っている。税とサービスの関係を考える癖を、わが国民はもっと身につけた方が良いと考えているからだ。

それなのに自公〝合体〟政権は、二年七ヶ月前に行われた郵政選挙で獲得した化け物のような議席を衆議院でもっていることを奇貨として、憲法五九条二項および四項で租税特別措置法改正案を再可決して、法律にしようとしているのである。こうした行為が、憲法上問題にならない筈がない。ほとんどの憲法学者はこの実態に目を向けようとしていないのである。このような実体的問題があるのに、憲法五九条二項および四項の解釈として何らの疑念がないというのは、最初から問題意識がないからである。

最近どこかで読んだ文章だと思うであろう。そう、これは永田町徒然草№７９０「今回の再可決は、憲法違反」（本書二一三頁）からの引用である。目前の憲法問題について問題意識をもって発言・行動しなければ、憲法は死んでしまう。憲法九七条の「この憲法が日本国民に保障する基本的人権は、人類の多年にわたる自由獲得の努力の成果であつて、これらの権利は、過去幾多の試錬に堪へ、現在及び将来の国民に対し、侵すことのできない永久の権利として信託されたものである」という精神は、基本的人権だけではなく憲法五九条などの制度的規定の解釈に当たっても同じように重視されなければならない。

憲法を守ろうという陣営から、今回の再可決について憲法上疑義があるという発言は残念ながら聴けなかった。圧倒的な国民が反対し強い違和感を感じる今回の再可決が憲法に照らして疑義がないことなどあり得ない。法律論がいえないのは、法律論が不得手なのではなく問題意識が欠如しているからである。昭和憲法を〝権利のための闘争〟の章典と考えれば、法律論が組み立てられない訳がない。野党に求められているのは、国民の立場に立った憲法解釈論を組み立てる能力なのである。

自公〝合体〟政権の問題点に、多くの国民が気付き始めてきた。この点に関する憲法の条文は、いうまでもなく憲法二〇条である。第二〇条一項は、「何人に対してもこれを保障する。いかなる宗教団体も、国から特権を受け、又は政治上の権力を行使してはならない」と定める。

特に後段の「いかなる宗教団体も、政治上の権力を行使してはならない」をどう解釈するかが問題なのである。この条文に基づき私は一〇年間も戦ってきた。この条文が危惧する問題点は、自公〝合体〟体制が幅をきかす中で現実に露呈してきた。憲法に違反するもしくは憲法上の疑義があることとは、必ず現実の問題を引き起こすのである。私の基本的意見は「自自公連立内閣は、憲法二〇条に違反する」※で述べてあるのでお読みいただきたい。

私のＷｅｂサイトには、数千ページがある。その中でいまなお一番多く読まれているページが「忍び寄る警察国家の影」である。もう三年半も前に書いた私の体験談である。かなり長い書き物だし、あまり出来の良い読み物でもない。Googleで「不当な職務質問」を検索するといまなお二番目か三番目にいつも出てくる。もう三年間もずーっとそうであった。職務質問を受けたという相談は、私のところに沢山くる。しかし、職務質問を事後に法律的に争うことは実務的に難しい。弁護士の仕事として裁判で争われることはきわめて稀である。だから警察当局の解釈が罷り通っているのである。なんとかしないとますます酷《ひど》いことになる。

憲法を守ることは大切である。しかし、具体的問題について国民の〝権利のための闘争〟の章典としてこれを武器に戦わなければ、憲法は無機質な条文の羅列となってしまう。昭和憲法に命を吹き込み内実豊かなものに育てるのは、国民の弛《たゆ》みない〝権利のための闘争〟である。その戦いを国民と共に行うのが、法律家であり、憲法学者であり、野党の政治家の任務である。鋭い問題意識と不屈の精神がいま求められている。憲法記念日にあたり私はこのことを強く訴えたい。

※「自自公連立内閣は、憲法二〇条に違反する」は『自公連立解体論』に収録。

## 世論調査の分析

二〇〇八年五月二一日（水）№814

ようやく体調が元に戻ってきた。昨日は仕事に支障がなかった。午後六時過ぎに仕事が終わると、悪い虫が蠢《うごめ》いてきた。しかし、私は堪《こら》えた。風邪のためスタッフに迷惑を掛けたのだから、大事をとって真直ぐに帰宅した。永田町徒然草もこの間ちょっとフヤけていたと思う。また元気に気合を入れて書くつもりである。この間のアクセスに感謝する。

昨日の『朝日新聞』に世論調査の結果が載っていた。福田内閣の支持率一九%、不支持率六五%であった。ちょっと意外に思った人が多いのでないだろうか。もっと支持率が落ちてもおかしくないと思った人が多いのではないだろうか。ここで支持率を福田内閣が誕生した昨年九月からみてみよう。53→47→45→44→31→34→35→32→31→25→20→19%である。最後の三つの調査実施日は二〇〇八年四月一九・二〇日（土・日曜日）、四月三〇日・五月一日（水・木曜日）、五月一七・一八日（土・日曜日）であった。

いっぽう不支持率の変化は、27→30→34→36→45→46→50→53→60→59→65％である。不支持率が支持率を初めて上回ったのは二〇〇七年一二月一九・二〇日（水・木曜日）の世論調査であった。『朝日新聞』の世論調査はふつう土日に行われるが、なぜこの日に世論調査が行われたのかちょっと思い出せない。なお、支持率・不支持率の変化をグラフでみたい人があるかも知れないが、残念ながら該当ページが消去されたので、ご勘弁いただきたい。

私は世論調査を分析する場合、調査日の曜日は重要であると考えている。そうすると私たちが手にしている最新の数値は、二〇〇八年三月二九・三〇日（土日）、四月一九・二〇日（土日）、五月一七・一八日（土日）の三つである。この二ヶ月足らずの間の変化は、支持率31→25→19％、不支持率53→60→65％である。この間にあった大きな政治的出来事は、ガソリン税の暫定税率の廃止、再可決によるガソリン税の暫定税率の復活、後期高齢者医療制度の問題化であろう。

強いて付け加えれば、韓国大統領と中国国家主席の訪日があった。両訪日は滞りなく行われた。プラス要因になってもマイナス要因になるとは思えない。後期高齢者医療制度の問題が噴出し政治問題化したことは確かだが、もともと決まっていたことであった。何といっても大きな政治的出来事は、ガソリンの値下げと四月三〇日の再可決の翌日からガソリンの価格が元に戻ったことであった。二ヶ月足らずの間に、福田内閣の支持率は一二ポイント下落し、不支持率は一二ポイント増加した。福田内閣を支持しない人が支持する人の三・四二倍もいるのである。

　私が世論調査でいちばん重視するのは政党支持率の変化である。上記三つの調査の自民党支持率は、31↓26↓22％であった。九ポイントの下落である。民主党の支持率は20↓22↓26％であった。六ポイントの上昇である。両党の支持率がついに逆転した。その差は四％に過ぎないが、政権党である自民党にとっては致命傷である。道路特定財源の暫定税率の復活を画策した自公〝合体〟体制の顔ぶれ・発言・パフォーマンスは最悪だった。もって瞑すべし。

　しかし、気になる数値もある。四月一九・二〇日の調査では「ガソリン税が四月一日から下がりました。政府・与党は、税収が不足するため、ガソリン税の上乗せを元に戻す法案を衆議院で再議決して上乗せを復活させる方針です。あなたは上乗せを復活させることに賛成ですか。反対ですか」という質問に対して、賛成二四％・反対六三％であった。要するにガソリン税の暫定税率廃止に賛成六三％・反対二四％だったのである。

　ところで今回の調査の「政府は道路整備のための今回の再議決に先立って、ガソリン税などの税収を来年度から一般財源化にする方針を内閣として決定しました。この対応を評価しますか」という質問に対して、評価するが四一％・評価しないが四六％であった。同じく「ガソリン税など道路財源の問題に対する民主党のこれまでの対応を評価しますか」という質問に対して、評価するが三一％・評価しないが五〇％であった。道路特定財源の〝暫定税率廃止一本槍〟を貫き通さなかったツケがここに現れているのである。攻め方を間違うとこうなってしまうのである。猛省をしなければならない。

## 二〇〇八年五月二七日（火）No.820

# 暫定税率復活は世紀の悪政

わが国はこれまで二回の石油ショックを経験している。第一次石油ショックは一九七三年に起こった。この時、一バレル三ドル前後であった原油が一二ドル前後に値上がりした。すなわち原油価格が四倍に跳ね上がったのである。トイレットペーパーや洗剤がスーパーからなくなり、東京のネオンサインが消された。そういえば記憶にある方もいるのではないか。

第二次石油ショックは一九七八年に起こった。この時一バレル一三ドル前後であった原油が一バレル二八～三〇ドル前後に値上がりした。すなわち原油価格が二倍になったのである。第一次石油ショックの四倍の値上がりに対して、二倍の値上がりに過ぎないのだから大したことはなかったと思いがちだ。しかし、そうではない。四倍になっていた原油価格が二倍になったのである。経済的加重はどちらも同じなのである。金額にすると第一次石油ショックが12－3＝9円／バレルに対して第二次石油ショックは28－13＝15円／バレルで、上昇した金額は後者の方が大きかったのである。

第一次石油ショックの時の首相は田中角栄氏だった。田中首相は中曽根通産大臣にありとあらゆる対策をとるように命じ、中曽根通産大臣は派手なパフォーマンスを込めていろいろな施策を講じた。しかし、ほとんど功を奏することなく物価は上昇し、狂乱物価と呼ばれる経済混乱を招き田中内閣退陣の一要因ともなった。これが第一次石油ショックであった。

第二次石油ショックの時の首相は大平正芳氏であった。私は一九七九年に衆議院議員に当選したので、この時のことをよく記憶している。大平首相は万事において地味な政治家だった。第一次石油ショックの際、中曽根通産大臣が行ったような派手な対策をほとんど講じなかった。大平派の新人議員としてはそのことに不満があった。大平首相は「対外的要因で原油価格が上昇し、政府としてこれを阻止することができない以上、国民からこれを早く呑み込んでもらいそれを前提に経済活動を行ってもらうしかない」と主張した。

ここにある問題に対する対処法の二つの典型がある。ひとつはできもしないことを何とかするといって派手に騒ぐことである。原油価格の急激な上昇は、いずれも国際的な政治的要因によるものであった。だが、わが国の政府として打つ手は実際にはなかった。大平首相は「政治がやれることを政治家は命がけでやらなければならない」と常々いっていた。しかし、政治がどうにもできないことを何とかするといって派手なパフォーマンスを行い、結局は国民を騙すことになることを嫌う政治家であった。

大平首相が講じた対策は、原油価格の上昇を所与のものとして受け入れ、それを前提に政府としてできる政策を思い切り行うことに徹したのである。省エネルギー政策や税制措置などを積極的に講じた。その結果、第二次石油ショックをわが国は比較的混乱もなく早期に克服した。大平首相は政府としてできることを何でもやった。省エネに関する予算措置や税制措置は、ほとんどこの時期に立てられ、その後長くわが国の政策として実施された。それがわが国の省エネ技術を発展させた。

わが国の経済にとって、現在の物価の高騰は深刻である。今回の物価高騰の要因は原油価格の高騰だけではない。食料と鉱物資源の高騰も深刻である。いずれも対外的要因であり、食料を除いては政府として打つ手はほとんどない。わが国はこれを受け入れて経済活動を行うしか方法がないかもしれない。しかし、政府として行える政策は全力で行わなければならない。農業や食品加工業などに関する政策を抜本的に見直す必要がある。一方、資源外交なども長期的視野に立って練り直さなければならない。

しかし、きわめて単純なことがある。政府の行為によって物価上昇となる要因を取り除くことである。国土交通省の建築基準の変更により、建築不況が生まれたといわれている。早急に対策を打つべきである。道路特定財源の暫定税率が期限切れでせっかく廃止されたのに、政府はこれを強引に復活させたことは、政府自らの行為によって物価上昇の原因をわざわざ作ったのである。まさに世紀の悪政である。世紀の愚策である。自公〝合体〟政権の責任は大きい。道路特定財源の一般財源化などというマヤカシに騙されて野党がこれを許したとしたら、同罪の誹《そし》りを免れない。政治家は歴史に学ばなければならない。

# 第4章

# 繰り返すドタバタ劇

## ——福田首相辞任そして麻生内閣誕生

# Due Process Of Law（その1）

二〇〇八年六月六日（金）№８３０

現在ではDue Process Of Lawという言葉は必ずしも珍しくない。しかし、四〇年ほどまえ私が司法試験の勉強をしていた頃、Due Process Of Law（法の適正な手続）は法律家の中でもそんなに重要な概念と捉えられていなかった。私は刑事訴訟法を新進気鋭の平野龍一東大法学部教授の本で勉強した。だから、Due Process Of Lawを叩き込まれた。私はこの言葉が好きだった。このことについて最近新しいことに気が付いた。

それは永田町徒然草№８２７「ガソリン一七〇円の責任者!?」に「自由主義社会や市場経済社会は、原理原則を共通な準則とすることにより秩序を作ろうとする体制だからである」と書いたことから始まった。私の頭の中では明らかなコンセプトができ上がっていた。しかし、この表現では私の考えが理解して貰えなくても仕方がない。そこでわざわざ永田町徒然草№８２８「永田町徒然草№８２７の補足」を書いた。

あまりこういうことはしないようにしているが、きわめて大切なことだからである。ところがいま改めて読み直してみたが、これでもまだ私の考えは十分に理解してもらえないのではないか。少なくとも物価に関しては理解してもらえたと思う。しかし、Due Process Of Lawは自由主義社会の基本の問題なのである。リベラリストを自認する私としては、この際もう少し書かなければならない。〝リベラル!!　リベラリスト（自由主義者）〟という大それたタイトルが付いているＷｅｂサイトなのであるから、もう少しお付き合い願いたい（笑）。

政治思想は、どのような秩序をどうやって作るかという体系的な考えである。〝どのような秩序を理想とするか〟は、価値観の問題である。〝どうやって作るか〟は、方法論の問題である。自由主義の政治思想は、〝どのような秩序を理想とするか〟という点では他の政治思想に比べ寡黙である。というより、国家権力がある秩序を理想とし、政府がその具体的メニューを作ることに懐疑的でさえある。個人の尊厳に最大の価値をおく自由主義の考えによれば、国家権力が理想の秩序の具体的メニューを作ろうとすればするほど、個人の尊厳を侵すことにさえなると考える。自由主義の政治思想は、国民の価値観に関することについて謙抑的である。

自由主義の政治思想は、理想の秩序は国家が作るものでなく国民によって作られるものだと考える。正確にいうと、国家は国民すべての希望などを掌握する力もないし、国民すべてを把握して理想の社会を作り上げる力などないと考える。他の政治思想からみれば、自由主義の政治思想は無責任といわれるのであろう。しかし、自由主義の政治思想は、国民がその希望を実現することの邪魔をしないし、国家ができることとできないことを明らかにすることを自らに課す。全体主義国家は、国民に幸福を約束するが、国民の自由に無神経に入り込んでくる。自由主義国家は、国民の自由に介入することにきわめて慎重である。そこが〝自由〟主義といわれる所以である。

自由主義国家は、国民に幸福の約束を簡単にしない。そもそも国民の幸福といっても、国家が定める幸福を国民が幸福と思うかどうか定かではない。幸福という概念は、価値観を抜きに語れない。価値観に関して自由主義国家は謙抑的である。しかし、幸福は誰もが求めるものである。国民に幸福を責任をもって約束しない国家がやらなければならないことは、国民が幸福を掴むことを保障することである。政府にいわれなくても、国民は幸福を手にしようとする。そうだとすれば、国民が自らの手で幸福を掴むことを可能にするしかない。

国民が自らの手で幸福を掴むことを可能ならしめる途はひとつしかない。国民の「幸福追求に対する権利」（憲法一三条）を保障することである。国民の価値観に介入しないことを原則とすれば、残る途は幸福追求の権利を手続的に保障するしかない。このことついて憲法は、「生命、自由及び幸福追求の権利については、公共の福祉に反しない限り、立法その他の国政の上で、最大の尊重を必要とする」（憲法一三条後段）と規定している。〝幸福追求の権利〟。なかなか良い言葉ではないか。ネーミングからして、いかにも手続保障的な感がする。今日はここまでにしておこう。

〈つづく〉

# Due Process Of Law（その二）

二〇〇八年六月七日（土）No.831

いつの時代でも、人間は幸福を求める。従って、いかなる政治思想も、国民の幸福について無関心ではあり得ない。しかし、自由主義の政治思想は、国民を幸福にすることを安請合いしない。そもそも幸福といっても一義的にいえないと考える。結果について責任をもたない者がいえることは、国民が自分の考える幸福を追求する権利を保障することしかない。

幸福の具体的メニューを描かないとなれば、国家ができることは国民が自ら考える幸福を掴む（＝幸福を追求する）権利を保障することしかない。いかなる幸福を掴む権利かと深入りすれば、個人の価値観に介入することになる。個人の価値観に介入する場合、それは疑義の生じないものでなければならない。生命の保障、身体や精神の自由の保障、生命を存続させるための財産の保障、生命の世代的な維持（家族）の保障など、具体的内容において国民のほとんどの価値観からしても争いのないものとなる。これらは刑法に規定されることが多い。これに違反した場合、国民には刑罰が科せられる。

刑罰の本質については、刑法学者によっていろいろな考えがある。刑法は反倫理的・反社会的な行為の類型を規定したものと考える学者は、刑に規範性を求め罰・行刑（刑を執行する国の行為）は更生を目的にすると考える。平野龍一教授の刑罰観は、社会のルールを侵し他人に危害を加えたことに対するペナルティと考えた方が良いのではないかとする。若い頃はこういう考えをなかなか理解できなかったが、最近では刑罰の本質とはそういうものではないかと私は思うようになった。

国民の生命・身体の自由を奪うペナルティ（前者は死刑、後者は懲役刑など）としての刑罰について、憲法・刑法・刑事訴訟法などは厳格にその手続を定めている。国が刑罰を科す内容と手続を明確に規定している。Due Process Of Law（法の適正な手続）は、刑罰に関することについて厳格に求められる。最近の刑法学者で Due Process Of Law に異論を挟む者はほとんどいないであろう。Due Process Of Law を考える場合、その原点は刑罰に関する手続にある。だから私は刑法や刑事訴訟法が好きなのである。

刑法や刑事訴訟法は、国がやれることと国がやってはならないことをきわめて具体的に定めている。国民は刑罰法規に違反することをやらない限り、国家から身体を拘束されたり刑罰を科せられることはない。刑罰法規で処罰されると規定されていないことを行った場合、国民は処罰されることはない。仮にそれが倫理的・社会的に非難される行為だったとしても、国家は処罰することはできないのである。ここに Due Process Of Law のポイントがある。

国家権力が権力者として権力を行使できるケースとできないケースを峻別する。それが Due Process Of Law の基本である。国家権力が権力を行使するケースを明らかにすることにより、国民がやっても良いことは明確になる。自由主義社会は、そういうことを原則として運営される。国民は国家が行えることと行えないことの原理原則を認識して行動するのである。そのことを「自由主義社会や市場経済社会は、原理原則を共通な準則とすることにより秩序を作ろうとする体制」と私は表現したのである。準則とは、「1　規則にのっとること　2　のっとるべき規則」（広辞苑）という意味である。上記の準則は、1の意味である。

自由主義の政治思想は、国家も国民も規則をお互いに守ることにより、国家や社会の秩序を作ろうとする。秩序は国家が権力で作るものだけではない。国民も秩序を作る責任と権利があるのである。秩序というと権力者が好んで使う言葉だ。しかし、秩序は国民にとっても重要なのである。安定した秩序の中で、国民ははじめて自由に行動できるからである。幸福の追求ができるからである。権力者の行動は、国民にとって秩序の重要な要素なのである。権力者の行動は、予測可能でなければならない。秩序を理由として権力が好き勝手なことを行うのは、国民からみたら秩序の重要な部分が安定していない国家社会ということになる。

ようやく本稿は Due Process Of Law の結論に近づきつつある。自由主義社会の憲法や法律や規則（およそ Law と呼ばれているもの）は、国民が守らなければならないものだけではなく、国家や権力者も守らなければならないものということである。自由主義の政治思想は、この準則（前記1の意）を前提にして良き秩序が作られると考える。法とその執行手続を守る義務は、国家や権力者の方により強く求められる。歴史的に Due Process Of Law を考察すれば、それは国家や権力者の恣意的・専横的な権力行使を束縛するものとして発展してきた。

その発展の歴史は、アメリカの判例法の展開にみることができる。一つひとつの裁判で、当事者や裁判官が展開した論理と法的判断は説得力に富み、読む者の心を捉えて離さない。これらを読むと、法的判断も〝具体的状況における具体的分析〟であることがよく分かる。Due Process Of Law は、ふつう「適正手続」と訳され、実際にそう使われることが多い。しかし、私はちょっと感じが違うような気がしてならない。Due Process Of Law は、「デュー・プロセス・オブ・ロー」というか、どうしても漢字でいう必要がある場合は「法の適正な手続」といった方が良いと思っている。「その問題は適正に処理されている」などのように、わが国の権力者がいう「適正」はきわめて軽いからである。

Due Process Of Law は、自由主義社会におけるきわめて重要な理念なのである。Due Process Of Law は、自由主義の政治思想が秩序をどのように形成するかということと密接に関連している。秩序の形成という国家や社会のダイナミックな活動についての基本的な理念なのである。〝適正手続〟というだけでは、その真の意味合いは伝わってこない。現に Due Process Of Law という言葉はいろいろなところで使われるようになったが、わが国で現実に使われる場合まことに素っ気なく味気ない。大臣や官僚が使う「適正に処理されている」との「適正」と同類である。今回はここまでとしておこう。

# 法律事務所をオープン！

二〇〇八年六月二〇日（金）No.８４５

「今日はある事情により午後〇時三〇分（お昼過ぎのことです）に update します」と予告したために、心配された方がおられたかもしれません。特別なことがあった訳ではない。心配しないで下さい。白川勝彦法律事務所の公式Ｗｅｂサイトを立ち上げる時刻を二〇〇八年六月二〇日午後〇時三〇分と決めておいたからです。このサイトを立ち上げるために三箇所で作業していました。ですから立ち上げる時刻を決めておく必要があったのです。それだけのことなのです。

ところで、白川勝彦法律事務所の公式Ｗｅｂサイトの出来映えはどうですか。なかなか良い感じでしょう。ここまで仕上げるにはかなり時間がかかりました。私の悪い癖で、こういうものには凄くこだわるのです。法律事務所をオープンした理由はＷｅｂに書いてありますので、そちらをご覧下さい。Ｗｅｂサイトを立ち上げたのは今日ですが、東京・新橋に白川勝彦法律事務所を新しくオープンしたのは二〇〇八年五月七日連休明けからでした。本来ならば、その日にＷｅｂサイトも立ち上げるべきだったのですが、諸般の事情で今日になってしまいました。

諸般の事情でいちばん大きかった理由は、右に述べた理由からです。しかし、それだけではありません。白川が法律事務所をオープンしたとなると、多くの方々から電話がかかってきたり、訪ねてこられる方々もおられるので、その準備や態勢を整えておかなければならなかったからです。すでに事務所の方は、それなりに順調に動き始めております。お近くにお越しの節は、ぜひお立ち寄り下さい。「朋、遠方より来るあり。亦愉しからずや」でお迎えします。ただ外に出ている時間が多いので、予めアポを取っておいて下さい。

この数年の間、多くの方々に心配をお掛けしました。この永田町徒然草をお読みの方々は、政治的に白川が立ち直ったこととお感じのことと思います。白川は職業人としても立ち直りました。どうかご安堵下さい。

〝リベラル〟と〝権利のための闘争〟。政治家としても、私はそれを信条として行動してきました。弁護士としての信条も同じです。法律の世界ではこれをストレートに表せる訳ですが、そうはいかないのが司法の世界の現状です。裁判所や検察庁の建物は立派になりましたが、残念ながら司法は劣化しています。国がダメになるときは、すべてが同時並行的に劣化していくのです。

弁護士として私がどういう問題に取り組んでいるか、その中で何をどう感じ思っているか。白川勝彦法律事務所の公式Ｗｅｂサイトの〝法の庭〟徒然草で折に触れて書いていくつもりです。永田町徒然草のように毎日という風にいかないと思いますが、時にはアクセスしてみて下さい。永田町徒然草はこれまで通りやっていきます。かなり忙しくはなりますが、ハード・スケジュールには慣れております。ご安心下さい。

## 〝ねじれ〟論（その二）

二〇〇八年六月二九日（日）No.854

わが国の政治のどこが問題なのかと問われると、多くの政治評論家は〝ねじれ〟国会だという。しかし、ねじれ国会は、本当に問題なのだろうか。自公〝合体〟政権の側に立つ人にとっては、ねじれ国会は困ったことなのであろう。だがその立場に立たない人にとって、ねじれ国会など大した問題ではない。多くの国民もそう思っているのではないか。その証拠に多くの世論調査で、「次の総選挙で野党が伸びて欲しい」という回答が多い。比例区での投票は民主党を中心にする野党と答える人が自民党や公明党と答える人を上回っている。

国民の政治的意思は、国会を通じて表される。国会の意思とは、衆議院と参議院の意思のことである。通常〝ねじれ〟国会とは、衆議院と参議院の多数派が異なっていることをいう言葉である。多数派が異なれば衆議院と参議院の意思が異なるのは当然である。そんなことはこれまでもあったし、これからも度々おこるであろう。選挙制度が異なるのだし、選挙の時期が異なるのだから起こり得ることである。

昨年の参議院選挙以後、どのような事例が具体的に問題になったのだろうか。〝ねじれ〟は、新テロ特措法案を巡って初めて起こった。参議院は、自公〝合体〟政権が衆議院で可決した同法案を否決した。当時の世論調査では、新テロ特措法案に反対との意見が国民の三分の二近くあった。ところが自公〝合体〟政権は憲法五九条二項により再可決した。新テロ特措法は成立し、いったん撤退していた自衛隊は再びインド洋に派遣された。

次に問題になったのは、日銀総裁人事に対する同意案件であった。自公〝合体〟政権は財務省出身の武藤元財務次官、これが不同意になると田波氏に拘ったが、野党はいずれも不同意とした。人事案件には憲法五九条二項の再可決の規定が適用されない。自公〝合体〟政権が日銀出身の白川総裁で止むを得ないとしたので、ようやく決着した。

記憶に新しいところでは、いうまでもなくガソリン税の暫定税率を含む租税特別措置法改正案であった。道路特定財源の暫定税率の多くは、二〇〇八年三月三一日で期限切れになり本則税率に戻った。三分の二近くの国民は、ガソリン税などの暫定税率の復活に反対した。しかし、自公〝合体〟政権は衆議院で再可決し、即日公布施行し暫定税率を復活した。

〈つづく〉

# 〝ねじれ〟論（その二）

二〇〇八年六月三〇日（月）№855

民主政治においていちばん重要なことは、国家意思の決定が国民の意思と乖離していないことである。世論調査などという手法がなかった時代は、国会の意思を国民の意思とすることにあまり抵抗がなかった。しかし、世論調査の技術が進歩して、国民の意思が世論調査によって正しく捉えられるようになった。

先ほど挙げた事例においては、新テロ特措法案も道路特定財源の暫定税率の復活も国民の大多数の意思と明らかに食い違うものであった。食い違うなんてもんじゃない。自公〝合体〟政権は、国民の意思と明らかに反する法律を再可決したのだ。これを正当化するいかなる理屈も虚しい。これを正当化する唯一の途は、自公〝合体〟政権が衆議院を解散し再び再可決に必要な議席を確保することである。

権力が己の〝正統性〟を国民に示す途は、理屈でなく事実しかないのである。現在の国会のねじれ現象を否定的に捉え、自公〝合体〟政権の再可決による問題の処理を非難しない政治家や政治評論家は、この根本が分かっていない。権力の正統性を事実ではなく屁理屈によって正当化しようという輩なのだ。権力の正統性に拘らない権力者は、卑しい権力者である。

現在のねじれ現象を問題にする人は、もうひとつ重要な点を故意に見逃している。国民の間で意見の分かれる大きな問題を、自公”合体“政権は再可決によって決着を付けた。自公”合体“政権にとって権力と国会の意思は乖離していないのである。衆議院と参議院の意思が異なることなど、手続的に煩雑なだけのことに過ぎないのだ。最後は再可決によって権力行使に必要なことを自公”合体“政権の意思で実現できたのだ。

自公”合体“政権にとって、権力と国会など少しもねじれていないのだ。ただ手続が少しだけ煩雑なことだけである。そもそも民主政治とは、権力に対する不信感から権力行使を不都合にする手続である。手続が煩雑なことを憂える政党や政治家などは、民主政治の本質を理解していない輩なのである。

民主主義体制においては、国家意思の形成が煩雑なことなど当り前のことなのである。その証拠に独裁国家における国家意思の決定は、単純であり迅速である。重要なことは最後の決定権がどこにあるかという点だ。自公”合体“政権が衆議院で三分の二を超える議席をもっている現状では、最後の決定権を自公”合体“政権がもっているのだ。そのことを私たちは片時も忘れてはならない。

〈つづく〉

# 〝ねじれ〟論（その三）

二〇〇八年七月一日（火）№856

　政治を考えるとき、私たちは具体的状況を具体的に分析しなければならない。現在わが国の現状は、衆議院と参議院の多数派が異なることは事実である。しかし、冒頭に触れたようにそんなことはこれまでもあったし、これからもあるであろう。正直いって大した問題ではないのだ。二院制をとっている国で両院の多数派が異なる例など珍しくない。

　こと選挙に関して、私は極端な超現実主義者である。私は選挙に関して一切の見込みなど当てにしない。次の総選挙で野党が過半数を確保することは既定の事実ではない、と私は思っている。解散総選挙後も衆議院と参議院の多数派が異なることは十分あり得る、と考えている。そのとき多くの論者は、また〝ねじれ国会〟といって国士風に慨嘆するのだろう。

　国家が重要なことを大根を切るように次々と簡単に決めることは、果たしてそんなに良いことなのだろうか。いま騒がれている後期高齢者医療制度は、自公〝合体〟政権が衆参両院で圧倒的多数をもっていた時に強行採決によって決められた。ねじれ現象を憂える論者は、大事なことが決められないことを嘆いている。国家などそんなに信用できるものなのだろうか。自公〝合体〟政権など信用できるのだろうか。そもそもそれが問題なのではないか。

「興一利不若除一害（一利を興すは、一害を除くに若かず）」だ。中国の名宰相──耶律楚材の言である。私は現在においても政治の要諦だと思っている。特に自由主義の政治においては重要な要諦であると考える。自公〝合体〟政権が良かれといって行ったことなど、その大半は〝害〟以外の何物でもなかったではないか。

同じ〝ねじれ〟でも、自公〝合体〟政権が衆議院の三分の二を超える化け物のような議席をもっている現状は特別なのである。政治的には〝特別なねじれ〟なのである。だから私は注意を喚起する意味で、できるだけ〝衆議院の三分の二を超える化け物のような議席〟と表現するようにしているのだ。国民が両院の議員を選挙で選出するようになった戦後の歴史で、政権与党が憲法五九条二項の再可決を行えるような議席をもったことはこれまでなかった。

現在の衆議院の任期満了まで、まだ一年余ある。自公〝合体〟政権は、衆議院で化け物のような議席をもっている間に重要なことをすべて決めておこうと決断したのではないか。福田首相のあの頼りない優柔不断なビヘイビアをみていると、誰もが〝愚図なダメ首相〟と感ずるであろう。自らの選挙ことを考えれば、多くの自民党議員はイライラしているであろう。早く何とかしなければならないと考えていると思うのだが、なぜ更迭の動きが出てこないのだろうか。

だが、騙されてはいけない。薄笑いを浮かべてエヘラエヘラしながら、重要なことをすべて決めておこうとしている福田首相を自公〝合体〟政権は支持しているのだ。いまわが国の権力を握っている勢力は、国会が本当に〝ねじれ〟ていない間に、重要なことをすべて決めておくことを狙っているのだ。そのど真ん中に己の利益を第一とする政治家・官僚たちがいる。創価学会・公明党がいる。自公〝合体〟体制の走狗となったマスコミがいる。野党は問責決議などで茶を濁している場合ではないのだ。解散総選挙に追い込んでいく使命と責任がある。

## 興味深い〝矢野告発手記〟（その一）

二〇〇八年七月二七日（日）　No.882

昨日の気象情報では〝一雨《ひとあめ》〟来るらしいといっていた。しかし、東京では一粒も降らなかった。今朝の気象情報では、新潟県や北関東地域で一雨降るらしいが、東京では当てにしない方がよさそうである。期待していて一雨がこないとガッカリするからである。今日は暑くなりそうだ。覚悟していた方がいい。事務所は休みである。事務所で避暑はできない（笑）。

私はこの土日で二本の原稿を書き上げなければならない。一睡もしないで一本目を書き上げたところである。涼しい風は窓からほとんど流れて来なかった。それでもやはり夜である。暑くはなかった。原稿を書くために八月号の『文藝春秋』の矢野絢也氏の手記を読んだ。「元公明党委員長の告発手記」――「創価学会が脅えた私の〝極秘メモ〟」と題する一二ページもの手記である。手記には興味あることがいろいろと書いてある。

## 学会本部を静穏地帯に

静穏地帯とは、法律で定められた街頭宣伝活動を禁止された地域のことです。

実は昭和六三年、消費税国会の頃にソ連大使館周辺で街宣活動が激しくて、国際友好上まずいという機運があった。そこで政府は、大使館に対する街頭宣伝を規制をすることにした。すると当時の自民党幹事長の安倍晋太郎氏が、ついでに国会周辺も規制しようとしていたので、私は「政党本部周辺もやってくれないか」と持ちかけ、すんなりと受け入れられた。

当時、創価学会本部には街宣活動がすごく、毎日聞くに堪えない悪口雑言が浴びせられていた。私は学会から「何とかしてくれ」といわれたので、これはいい機会だと思った。そこで、私が空中写真で党本部から学会本部が何メートルあるかをコンパスで測り、学会静穏のために、学会本部のある信濃町まで半径五〇〇メートルを「静穏地帯」にしたのだ。

これには驚いたが、さらに驚くべきことが続いて書いてある。外は明るくなり、それに伴い少々暑くなってきた。徹夜の身にはいささか堪える。続きは明日にさせてもらいたい。

〈つづく〉

二〇〇八年七月二八日（月）No.883

## 興味深い〝矢野告発手記〟（その二）

昨夕、ほんの〝お湿り〟程度だったが、雨が少し降った。雨はもうとっくに止んでいるが、そのせいで爽やかな空気が窓から流れ込んでくる。自然は大きなクーラーの機能をもっているのだ。東南アジアでは一日に一回スコールがあるという。そのために暑さがかなり和らぐのだろうか。植物が元気になることは疑いない。これは確実に暑さを和らげるのだろう。自然は上手くできている。さて昨日のつづきだが……。

### 「公明」が新進党に合流しなかった理由

静穏地帯をめぐってはその後、こんなことがあった。平成九年当時、旧公明党は衆議院では新進党に合流しており、参議院の半分も前回の参院選において残りの一〇名前後の参院議員は「公明」に所属していたが、当時「公明」代表だった藤井富雄氏は、翌年に予定されていた参院選において、残りの「公明」参院議員も新進党で選挙を戦うと発表してしまった。

すると、ある自民党の実力者が私に、「学会本部に街宣が来るようになるぞ」と耳打ちしてくれた。国会議員が五名以上いなければ、政党本部ではなくなるのだ。そうなれば、学会本部は静穏地帯の規制が外れてしまう。それで、私は学会首脳に事情を告げると、大慌てで方針転換して、残りの参院議員は新進党ではなく「公明」から出すことにした。学会本部周辺に街宣活動をさせたくなかったからだ。これは政教一致そのものかも知れない。

若干補足しよう。衆議院への小選挙区制導入を主たる内容とする新しい選挙制度改革法が成立したのは、一九九四年一月であった。これを受けて新進党が結成されたのは一九九四年一二月である。この時、旧公明党の大半は新進党に参加した。旧公明党の参議院非改選組と地方議員は「公明」という政党を結成し、これに合流しなかった。一九九四年六月に村山富市氏を首班とする自社さ政権が誕生した。自民党は政権に復帰したが、党勢はあまり芳しくなかった。

一九九五年夏には参議院選挙が行われた。この時、新進党は躍進した。比例区で一八議席を獲得したのは新進党であった。自民党は比例区で一五議席しか獲得できなかった。新進党が比例区で第一党になった意味は絶大だった。一種の新進党ブームが起こった。多くの新人は、初めて行われる次の衆議院総選挙で新進党から出ようと、新進党に走った。

自民党は河野洋平総裁を橋本龍太郎総裁に変えた。新しく幹事長となった加藤紘一氏の下で、私が総務局長に就任したのは一九九五年一〇月末であった。自民党と新進党との真っ向勝負の始まりである。旧公明党衆議院議員は新進党に合流しており、来るべき総選挙で新進党から出馬することは確定していた。一九九五年の参議院選挙では、旧公明党の参議院議員は新進党から出馬していた。しかし、旧公明党参議院議員の非改選組・地方議員を中心とする政党「公明」の動きは、私たちには不可解だった。

一対一の真っ向勝負では、それぞれの極に集中することが大切なのである。旧公明党参議院議員の非改選組と旧公明党所属の地方議員が、新進党に合流せず新しく結成された政党「公明」に残留していたことは、私たちの選挙運動にとって微妙な影響を与えていた。選挙の現場では、こうしたことが微妙に影響するのである。新進党から立候補する候補者にとっては、私たちよりはるかに複雑で大きな影響があったのだと思う。

一九九六年一〇月、小選挙区制での初めての衆議院総選挙が行われた。自民党は過半数近くを獲得したが、新進党は一五六議席だった。一挙に政権獲得を目指した新進党には動揺が走った。私は次の選挙も同じ構図になると思っていたが、新進党の動きは複雑だった。そうした中で旧公明党の参議院議員・地方議員を中心とする政党「公明」が新進党への合流を取りやめ、一九九八年の参院選に独自で臨むことを決定した。これにより小沢一郎氏と旧公明党の対立は決定的になった。一九九七年一二月小沢一郎新進党党首は両院議員総会を開き分党を決定し、自由党、改革クラブ、新党平和、新党友愛、黎明クラブ、国民の声の六党に分裂した。

その後の一〇年余の動きを述べると長くなるのでやめる。小選挙区制の下では、野党が一本でいることは大切である。一〇年かかって野党はようやく民主党を中心に収斂しようとしている。その意味で新進党の分党は日本の政治にとって〝失われた一〇年〟の始まりだったのだと思う。私は対極からみていたが、その原因のひとつに旧公明党や「公明」の不可解な動きがあったことは確かである。「公明」の新進党への不参加は大きな意味をもっていた。その理由が矢野氏の述べているとおりだったとしたら、現代政治史の第一級の証言である。矢野氏の国会招致は、今後の国会の大きなテーマとなるのではないか。

二〇〇八年八月二日（土）№888

## 真夏の儚い狂宴

昨日報道されていたとおり党内閣人事の改造が行われた。昨夜私が自宅に帰ってきたのは一〇時過ぎであった。最終的に顔ぶれが決定した時刻は知らないが、認証式が行われるのは今日の午前だという。私が知る限り、内閣総理大臣の指名選挙が遅れたために深夜天皇陛下にご迷惑をかける場合でなければ、即日認証式が行われるのが通例であったような気がする。新しい内閣が発足した〝気迫〟を示すためにも大事なことなのである。今回は総理大臣指名選挙があった訳ではない。もし天皇が東京に不在のためにそうなるのだとしたのなら、そもそもそういう日を選んで改造したこと自体がおかしい。

私が午前中に出かける時、麻生幹事長の就任と町村官房長官の留任が決まったと報じられていた。このことを聞いただけで、私は今回の党内閣改造の基本的性格を察することができた。〝これじゃ、今回の改造は大したことにならないなぁ〟ということであった。考えてみれば分かるだろう。官房長官は内閣のスポークスマンであり、省庁の利害を調整し内閣の政策を決めるキーマンである。「内閣とは私のことである」といって時の総理大臣だった池田勇人氏から叱られたのは、池田内閣の官房長官大平正芳氏だった。福田内閣の支持率低迷の過半の責任は、町村官房長官にあるのだ。その人物を留任させるというのだから、福田首相はおめでたい。何のための改造なのか理解できない。

今回の改造は〝福田カラー〟を強く出して、人気回復を図ることに目的があるといわれている。福田首相にどのような政治カラーがあるのか知らないが、自分に人気がないからといって人気があるといわれている麻生氏を幹事長に据えたのでは、福田カラーとは何かますます分からなくなる。違ったカラーを合わせると色はだんだん黒ずんでくる。これは私でも知っている色彩学の単純な原則だ。麻生氏は〝挙党一致〟の必要性を理由に福田首相の要請を受諾した。自公〝合体〟政権の危機は、〝挙党一致〟や〝結束〟で乗り切れると考えているのだろうか。麻生氏は〝政権はいつも自民党にある〟と信じ切っている傲慢・不遜な政治家である。

党内閣改造人事のもっとも中核である幹事長と官房長官をみただけでも、福田首相が〝政権構想力〟をまったく持ち合わせていないことは明らかであろう。森元首相をはじめいろいろな人物が今回の改造に関与したといわれている。まさに目立ちたがり屋のお節介以外の何物でもない。福田首相の周辺にはその程度の政治的人物しかいないのである。政策的には硬直した考えに固執する官僚しかいないのである。福田首相の人気などでる筈がない。それでも総理大臣を務められるのは自分だけだと思っている。実は麻生氏と同じように傲慢であり、不遜な政治家なのである。騙されてはならない。

町村氏を除いて三人が留任した。高村正彦外務大臣、舛添厚生労働大臣、増田寛也総務大臣である。なぜこの三人だけを留任させたのだろうか。私にはその理由がまったく理解できない。福田首相は有能だとでも考えているのだろうか。高村外相の外交はすべて失敗してきたというか、外交的には何もしなかったのではないか。総務大臣はいまや絶大な権限をもっている。知事出身というだけで何か特別なことをやったのだろうか。

舛添厚生労働大臣は、確かに派手に動き弁じまくってきた。派手に動き弁じまくってきた点では、石破防衛大臣と相並ぶ存在であった。しかし、多々弁ずれども結局は何もできない大臣であった。この両大臣は〝巧言令色、鮮《すく》ないかな仁〟を地でいく大臣であった。石破防衛大臣を更迭したのは結構なことだが、舛添厚生労働大臣をわざわざ留任させたのは福田首相の人物鑑定力のお粗末さを露呈するものであろう。舛添氏がマスコミで多少もっている人気にあやかろうとのことなのだろう。要するにそのように浅薄な首相なのである。

論評すること自体が馬鹿らしくなってくる。残りの大臣についてもいかに不適格な人事であるか、一つひとつ挙げることができる。馬鹿らしく不毛な作業ではあるが、誰かがやらなければならないことなのであろう。まぁ、気が向いたら、残りの大臣についても論評することにしよう。今回の改造により福田内閣の支持率がある程度は上がるであろう。国民の政治をみる目もいい加減なところもある。よく言われることだが、その国の政治は国民の水準を超えることは所詮できないのである。最近私はそのような気になることもある。

二〇〇八年八月八日（金）No.８９４

## 北京オリンピック開幕

いよいよ今日から北京オリンピックが開幕する。ソウルオリンピックに比べ、日本での盛り上がりは現在イマイチの感がする。チケットが売れ残っていると聞いた。私にはちょっと考えられないことである。私は親中派でも嫌中派でもない。台湾には一〇数回行ったことがあるが、大陸には一回しか行ったことがない。だが、北京オリンピックを招致し、いよいよ開幕に漕ぎつけたことを素直に隣人として喜びたいと思っている。

私が生きてきた時代だけでもわが国と中国の間にはいろいろなことがあった。歴史を学べば、わが国と中国はまさに深い関わり合いをもちながら歴史を刻んできた。かつては一衣帯水の関係といわれてきた。最近の日本人は、中国を一言でいえばどのように認識しているのだろうか。中国の存在は大きく、その存在感が増大してきた。そこで中国べったりの人もいるし、嫌中の人も出てきた。しかし、〝べったり〟でも済まされないし、〝嫌い〟でも済まされないのが、隣国との関係なのである。

北朝鮮は好きになれないという人がわが国では圧倒的に多い。その反動として〝親韓〟派が多くなった。韓《ハン》流ブームなるものも起きている。だが、竹島のような問題が起こると〝親韓〟の気分にもなれない。そうすると北も南もどちらも嫌いだということになってしまう。しかし、それでは済まされないだろうと大方の人は思う。そう、そこが大事なのだ。好きとか嫌いという感情だけで付き合うことができないが隣国との関係なのだ。外交関係なのである。

私は日韓議員連盟で「在日韓国人地位向上委員会」の副委員長を長く務めた。当時の日韓議員連盟には自民党・民社党・公明党の議員が加盟していた。民社党も公明党も野党であった。在日韓国人地位向上委員会では、在日韓国人が抱えるいろいろな問題が具体的に提出され、それを具体的に解決していくことが求められた。民主党や公明党の人たちは、韓国側委員から持ち出される問題に対して〝そうだ、そうだ〟と呼応する。しかし、対外的に〝そうだ、そうだ〟と応えた場合、日本の国会議員としては具体的に実現しなければならない。政府にそれを約束させなければ実現しない。どうしても与党である自民党から誰かが出席していないと責任ある対応をすることができないのである。

私の役回りは損な役割であった。韓国側委員から出される問題に何とか応えてやりたいと思っても、わが国の政府を説得する自信がなければ安請け合いはできない。端的にいえば、要望を拒否する役割が私なのである。誰だってそんな役回りはやりたくない。しかし、誰かがそれをしなければ日本側議員は〝空手形〟ばかりを乱発し、結果として不信だけが生まれる。七〜八年間、私はこの損な役回りをさせられた。しかし、この間にいろいろな問題を解決した。結果として日韓友好関係を構築することにそれなりに貢献できたと思っている。私はこうした活動を通じて、韓国の良さも悪さも知ることができた。

閑話休題。わが国と中国の関係は古く長い。それだけにいろいろな事があった。また中国は広大である。それだけに中国はいろいろな民族問題を抱えている。地域間の格差も日本の比ではない。中国人のものの考え方には、私たちの想像を超えるものがある。だから、北京オリンピックに対する日本人の想いが複雑なのだろう。しかし、いろいろな問題をのり越えて、中国民族が国をあげて北京オリンピックを招致し、開催に漕ぎつけたのである。民族の威信を懸けて成功させせようとしている。隣人として素直に喜びたい。

オリンピックは開催国の思惑を超えて、人類が同じフィールドでその技を競う競技の場である。今回も国や人種・民族を超えて、感動を与えてくれる選手に私たちは出会うであろう。オリンピックは、肌の色や国籍の違う選手が平等かつ公正に競い合う場である。そこが〝平和の祭典〟と呼ばれる所以だと私は思っている。日本人選手が、肌の色や国籍の違う世界各地の国民に感動を与えることができたとしたら、私たちの誇りなのではないだろうか。頑張れ、日本人選手！

## 深謝二〇〇万ヒット!!

二〇〇八年八月三一日（日）No.916

二〇〇八年八月三〇日午後一一時一分ころ、白川勝彦Ｗｅｂサイトのホームページのアクセスカウンターが二〇〇万を超えた。左下にある小さな数字だが、2,000,002は私にとって万感の想いがあった。最近の私はＷｅｂサイトに関することをあまり書かないようにしている。だが、これは別である。永田町徒然草の号数など私が努力をすれば可能だが、アクセスカウンターは私の力だけでどうにもならない。読者の協力があって初めて達成できたのである。

白川サイトは一九九九年一二月一日に開設された。それから八年九ヶ月で二〇〇万ヒットである。その間、実にいろいろなことがあった。頻繁に更新された時もあったし、休止状態の時もあった。白川サイトが動いている時も休止している時も、その時々の私を表現してきた。それが辛い時もあったが、私はあえてサイトを閉鎖しなかった。私が掲載してきたものは、それなりの意味と価値があると考えたからである。そんなことに思いを馳せられない時さえあったが……。

白川サイトの一番の〝売り〟は永田町徒然草である。国会議員だった時も、そうでない時も、白川サイトが動いている時は、かなり〝マメ〟に更新される方だった。永田町徒然草が原則として毎日更新されるようになったのは、まだ二年足らずに過ぎない。今のところどうにか続いている。毎日一万人もの方々がアクセスして下さるのだから、止める訳にはいかないであろう。私としては悪政に喘ぐ人々を少しでも勇気づけようと思っているのだが、私も多くの方々から勇気づけられているのだ。

永田町徒然草を毎日書くようになってから、私は少しずつ元気になってきた。月刊『マスコミ市民』に憲法改正問題講座「昭和憲法とは!?」を連載し始めた。これを機に私のリベラル精神は蘇りはじめた。自公〝合体〟体制が定着していく中で、政治の世界から〝リベラル〟など消えて無くなろうとしている。右翼反動でこの日本を運営できる訳ではない。さりとて社会主義でもないだろう。そうすれば、リベラルという政治思想しか選択肢はないと思うのだが……(苦笑)。

最近の私は、リベラルという言葉を滅多に使わない。現在の日本でリベラルとは何かいうことを考えて頂きたいからである。私にいわせれば、リベラルとは〝公正を重視する自由主義〟である。「何が公正か」が重要なのである。「何が自由ということなのか」が大切なのである。

具体的問題で「どうすることが公正なのか」を考えなければ、公正ということは分からない。政治の場における自由とは、国家権力と国民との関係である。権力と国民との間合いである。

民主主義政治で、国民は国家権力を自らの手で運営できると私は確信している。私は絶対的な反権力主義者ではない。だから、治安当局の権力行使のあり方を問題にするのだ。道路特定財源の暫定税率問題では、三ヶ月近くその問題だけを論じ続けた。税金の問題は、経済的場面における直接的な権力行使である。金儲け＝経済のことは不得手な私だが、税金の問題はリベラリストとして執拗にならざるを得ない。職務質問もガソリン税も、国家権力と国民の〝間合い〟が重要なのである。アメリカ独立革命は、お茶に対する税金から始まったのだ。

これからも永田町徒然草の更新は、〝当分の間〟できそうである。解散総選挙は、早晩ある。長くても一年以内にしなければならないのである。私は自公〝合体〟政権に対する敵愾心を誰にも負けないほどもっている。公明党との連立は、自民党の公約違反かつ変節であった。変節を平気で行う政治家や政党を私は軽蔑する。変節とは、主義や主張を変えることである。〝生きざま〟を変えることである。私たちは〝主義や主張や生きざま〟を信じて人と付き合うのである。政治は主義や主張をぶっつけ合って行うものだ。主義や主張をコロコロと変えられたのでは、信用できるものがなくなる。

だから、私は貫きとおす自信のないことを言わないようにしている。しかし、ひとたび口にしたことは、誤ったことを言ったと思わない限り愚直に貫きたいと肝に銘じている。派手なことを言っている訳ではない。面白いことを書いている訳でもない。高尚なことを述べている訳でもない。普通の人が、普通に思うことを政治的にごく当り前に書いているだけだ。ごく真面目に書いているつもりである。読者に励まされながら……。二〇〇万ヒットを心から深謝し、変わらぬご愛読をお願い申し上げます。

二〇〇八年九月二六日（金）№９４２

## 馬鹿らしき事どもの検証

政界の動きは、目まぐるしい。麻生内閣の誕生を受けて、報道各社が一斉に世論調査を行った。いろいろな人が思惑を込めて、さまざまなコメントを述べているが、私が自公"合体"政権の選挙関係者だとしたならば、「あぢゃ〜」以外の何物でもない。完全な目論見違いである。こんな明々白々としたことが分からないのだろうか。嘘だと思ったら、自民党・公明党の選挙関係者に取材をしてみれば簡単に判る筈である。

そんな中で昨日、小泉元首相が引退を表明した。さすがは機を見るに敏である。麻生首相の政治センスやパフォーマンスなど、足元にも及ばない。麻生首相や大臣たちが良かれと思って必死にやっているダサいパフォーマンスなど、これで完全に吹き飛ばされてしまうであろう。

麻生首相や自民党にとって、非常にマイナスであることは確実である。そんなことにお構いなしなのが、小泉氏の小泉氏たる所以なのである。麻生首相の政治的本性・資質について少し経過を辿って考えてみたい。

政治を見たり考えて、こんがらかって分からなくなったら、基本・原理原則に立ち返るのがよい。いまがそうである。福田首相がなぜ突然政権を投げ出したのか。腹痛か腹下しなのか知らないが、安倍首相も唐突に辞めた。麻生氏が自民党幹事長になると、一ヶ月もしないでなぜか首相が唐突に辞任する。安倍首相が辞任したのも、福田首相が唐突に政権を投げ出したのも、私にいわせれば少しもおかしいことではなかった。この二人が首相の座におさまっていたことがおかしかったのである。

昨年の参議院選挙で自民党は歴史的大敗を喫した。にもかかわらず、安倍首相は続投しようとしたのだが、それはどう考えても無理だったのである。馬鹿は馬鹿なりに続投が厳しいと思った安倍首相は、麻生氏に幹事長を要請した。麻生氏は自分が幹事長として支えれば何とかなると考えてこれを引き受けた。だが、所詮そんなことは無理なのであった。結局のところ安倍首相は辞任せざるを得なかった。

参議院選挙のあの大敗は、只事でないのである。自公〝合体〟政権は、その危機に対し尋常ならざる決意をもって臨まなければならなかったのである。文字通り〝背水の陣〟を敷く必要があったのに、福田康夫氏を首相に据えたのではそもそも背水の陣にはならないのである。そんなことが分からないのがいまの自公〝合体〟政権なのだ。

　痩せ細った大将が〝背水の陣内閣〟といくら叫んでも、福田大将で決戦に臨むことなどそもそも無理なのである。そんなことは最初から分かっていた筈である。こんなことが分からないようでは話にならない。だとしたら、福田首相はもっとも良い時期を狙って自然な形で大将を退くことが唯一の戦術だったのである。そう、〝自然な形・成り行き〟で退くことが大事だったのである。衆議院の任期が満了する二〇〇九年九月までの間にその時期は必ずあった筈だ。ところが、鳴り物入りの内閣改造から一ヶ月も経たないうちに辞めたのでは、自然な形に映らないであろう。しかも時期はずれの大袈裟な総裁選をやったのでは、誰だってこれは胡散臭いと思う。

　この総裁選で選ばれてきたのが麻生首相である。この人は一ヶ月前に福田首相に請われて、また幹事長に就任していた。これでは出来レースと思われても仕方がない。ひょっとすると内閣改造について話し合ったとき、今回の出来レースのシナリオは出来上がっていたのかもしれない。そうだとしたら、これはあまり出来の良いシナリオじゃない。シナリオも悪い。役者も悪い。時期も悪い。そんな三文芝居に興じるようでは、観客も悪いといわれてしまう。しかし、自公〝合体〟政権はこの三文芝居を厚顔無恥にも興行したのである。国民も舐められたものである。このように事態を整理してみると、次のことが明らかになる。

　麻生氏は安倍首相辞任と福田首相辞任に深く関与している。辞任の直前にあった事態に深く関与しているからである。二人の首相が政権を投げ出すことになった事態の責任者でもあるのだ。そういう事態が到来することが読めないようでは、麻生氏はよほどの政治音痴ということになる。

麻生氏が二人の首相の政権投げ出しという事態を予測していて、自民党幹事長の職を引き受けたのだとしたならば、麻生氏はかなり腹黒い政治家ということになる。明るくおどけてみせる姿は、仮面ということになる。

Aなのか、それともBなのか。どちらが本当なのであろうか。私はAでもBでもないと思っている。その両方なのだ。政治音痴で腹黒い政治家なのである。このことが判明すれば、国民や野党の対処方針は簡単であろう。

政治音痴ということは、政治の本質を知らないということである。目の前に座っている人が一ヵ月後に政権を投げ出すことを肌で感じられないような人は政治家ではない。こんな人がもっともらしい事をいっても恐るるに足りない。腹黒い人というのは、卑しいのである。志が高くないのである。人を平気で騙す。だから、そういう政治家のいうことに決して騙されないことである。

馬鹿らしいことでも真面目に検証してみるとこのように大事なことがみえてくる。無駄ではない。そのような総理大臣は、辞めさせることが一番である。自公”合体“政権そのものに引導を渡す秋《とき》がきた。

# 政権構想力

二〇〇八年九月二八日（日）№944

近ごろ私は政権構想力というものを考えている。あまり聞いたことがない言葉だと思うが、政権交代がこれだけ現実味を帯びてきたのだから、真剣に考えてみる価値がある問題だと考えている。政権構想力とは、文字通り〝政権を構想する力〟である。政権担当能力とも違うし、国を治める力・ガバナビリティともちょっと違っている。

政権担当能力とは、政権党あるいは近い将来に政権を担当する可能性のある政党に、その能力があるか否かという場合によく使われる言葉である。例えば共産党に政権担当能力があるか否かなどということは滅多にいわれない。共産党単独あるいは共産党中心の政権ができる可能性は、現実問題として非常に少ないと思っている人が多いからであろう。中国共産党やかつてのソ連共産党は、政権担当能力がないなどといわれない。

国を治めるのは政権・政府である。いかなる政権にも官僚がいる。官僚組織がある。共産党がそのまま国家組織として国を治める国でも官僚組織がある。それらを含めた広い意味の政権が国を治める力・状況を、「ガバナビリティがある・ない」などと表現する。政権だけではなく大きな組織のトップに対しても、ガバナビリティがあるとかないとかいわれることもある。

官僚組織に支えられない国家など現実には存在しない。しかし、官僚組織を掌握し使いこなすのは、トップの力である。かつては君主や皇帝や天皇がトップであった。現在ほとんどの国で政党がトップである。

政権担当能力やガバナビリティは、現在の政権党や政権党の経験のある政党について議論する場合に使われる言葉だ。政策力とは明らかに異なる。誰でも間違いを犯す。ある政策を間違ったからといって、それだけで政権担当能力が直ちに問われることにはならない。しかし、政策の失敗が相続き、その処理を間違うと政権担当能力に疑問符が付いてしまう。昨年の参議院選挙の直前はそういう状態だった。自公"合体"政権が参議院選挙で歴史的大敗を喫したのは、国民は自公"合体"政権の政権担当能力に疑問をもち始めたのであると私は考え、そのことを指摘した。

自公"合体"政権には、そういう認識も危機感もなかった。だから、福田首相を選出したのである。実はそれも政権担当能力がないことの端的な表れだったのである。福田康夫という人物を知らなかったため、多くの国民はそのことに気が付かなかった。だから、福田内閣発足当初の支持率は意外に高かった。しかし、国民はバカじゃない。福田首相で国民を長く騙すことはできなかった。福田首相では、政権を運営することができなくなったのだ。福田首相は行き詰まって、政権を投げ出したのだ。

政権担当能力がこれだけ怪しくなると、政権党といえども新しい政権を作るくらいの建て直しが必要になる。こういう場合に必要になってくるのが政権構想力なのである。〝政権交代、政権交代！〟と叫ぶ民主党にも政権構想力が必要なことは論を俟たない。そうすると政権構想力ということを真剣に考える必要がある。政権構想力について纏めたものを書いてみたいと私は考えている。

ところで、福田首相辞任↓ど派手な総裁選↓麻生首相選出というシナリオを考えた自公〝合体〟政権の人物の目論見も、政権構想力が問われる問題である。単なる広報戦略の域を超えている。そんな政権構想力をもった人物が現在の政権の中にいるのだろうか。いるのであれば、目論見は果たして成功したのだろうか。ぜひ訊いてみたいものである。麻生内閣の大臣の顔ぶれは大事なファクターだった筈だ。素人目にみてもこれはできが良くない。麻生首相の魂胆はミエミエだ。今日、中山成彬国土交通大臣が辞任した。これはまったくの想定外だったのだろうか。

今回の総選挙は、麻生自民党と小沢民主党の対決だといわれている。麻生太郎氏と小沢一郎氏の戦いであることは事実であるが、自民党と民主党の戦いがその本質である。自民党と民主党の政権構想力の対決なのである。自公〝合体〟政権すなわち自民党と公明党に政権構想力がないことは、明らかとなった。ほぼ確実なことである。果たして民主党に政権構想力があるのだろうか。支持率の微妙な変化は、この政権構想力に対する国民の評価なのである。さてこの評価がどのように変化するのか。

## それでは、また

私の永田町徒然草の記事は原則的に一話完結である。その最後は「それでは、また」で結んでいる。本書の発売時に解散・総選挙が行われているのかは現時点で不明である。仮に総選挙が終わっていたとしても私の戦いは続いているであろう。政権を倒すことと新しい政権が誕生し、その政権によって新しい秩序が生まれるかどうかは別であるからである。本書の続きは、白川サイト（http://www.liberal-shirakawa.net）でお読み頂きたい。

それでは、また。

附章

# 白川勝彦にみる「代議士の誕生」

社団法人・国民政治研究会事務局長　田中克人

この永田町徒然草をほぼ毎日みる方は、一万数千人いる。そのうち、私が直接お付き合いのある方は数千人に満たないと思う。私を直接知らない方にとって、〝白川勝彦〟という人物は理解し難いところが多いと思っているのではないだろうか（笑）。そもそも人間とは理解しがたい存在である。政治家という人種は特にそうだ。

政治家は他人に自分を印象付けなければ選挙で勝つことができない。そのために自分のある部分を印象付けようとする。普通の人と同じように他人と付き合うことはできない宿命にある。虚飾ではないが、特殊な生き様を強いられているのである。その習性は、選挙に出る気などない現在の私にも多分に残っていると思う。

この永田町徒然草は、文字通り〝徒然〟な政治的な書き物である。話があっちに飛んだかと思うと急に真面目にもなる。私はこれまでのどの時期よりも〝政治的に自由〟に生きている。それだけにブレが大き過ぎて付き合いかねるという方も多いと思う。しかし、爺放談《じじ》をしているのではない。私は至って真面目なのだ。私の政治家の生き方の原点を論究するある〝書き物〟を最近手に入れた。この論文を書いたのは、私の最初の選挙（一九七六年）の一ヶ月前に出会った田中克人《かつんど》氏である。私の政治生活をいちばん長く知っている人である。一九七九年暮れに発刊された書物に掲載された。

## 「ゼロからの出発」

世襲・官僚・地方議員・議員秘書・政党職員・労働組合幹部・タレントといった具合に、国会議員候補者は、回を追うごとにパターン化される傾向にある。これに加えて時折り金権候補が顔を出し選挙戦を白熱化させるのだが、候補者の第一のイメージは、この〝前職〟によって生まれる。そして、このイメージを変え、新しいものをつくることは大変むずかしい。従って候補者はこのイメージをフルに活用し、いかに自分はその前職において実績を上げたか、また候補者としてふさわしいかをあの手・この手を使って選挙民に訴える。

第三五回総選挙でこうした風潮に挑戦するかのごとく、パターン化されない新人、しかも〝永田町〟をまったく知らなかった男が、若い同志の力・年輩者の知恵にバックアップされて四年間、雨の日も、風の日も、雪の日も毎日街頭からまた集会場から、「日本の夜明けは新潟四区から」と訴えて、二回目の挑戦で見事、登院してきた。その名は、白川勝彦・年齢三四歳、学歴は東大卒、職業は弁護士、加えて独身である。

白川は、新潟県十日町市の中程度の機屋（絹織物業者）の出身で、姉さんが七人兄さんが一人の次男として、末っ子として、昭和二〇年六月に生まれた。中学一年のとき、家は倒産、多感な時期を貧乏のどん底で過ごし、奨学金のおかげでようやく高校へ進学でき、東大法学部へと苦学しながら進んだ。高校二年のとき、新潟県からただ一人ロータリーの交換留学生に選ばれ約二ヶ月アメリカ留学を果たし見聞を広めた。

東大時代は駒場の寮に入り、二ヶ月後駒場寮の副委員長となり以後、都寮連・全寮連書記局、東大豊島寮委員長として活躍、在学中司法試験に合格、司法修習生を経て、昭和四七年より東京にて弁護士。

昭和五〇年一〇月一四日、東京の弁護士事務所を閉鎖し、郷里、新潟四区へ帰る。所持金三八万円なり。周囲の人びとの反対を押し切って、帰郷の五日後、地方紙を通じて出馬表明、まさに「ゼロからの出発」であった。従来の常識からいえば、まさに泡沫候補の誕生ということになる。地盤、看板、カバン、評判という選挙に必要な「四バン」のどれ一つとってもゼロなのだから。

彼はまず出馬表明後集まって来た友人、地域の青年を中心とした約三〇名の最初の同志とともに帰郷、二〇日目に第一回の演説会を開催する。誰も政治活動の経験がないので白川が陣頭に立って会場、ポスター・ビラの手配をした。集会はものめずらしさも手伝って五〇〇人を集め大成功。自信をえてそれから一ヶ月くらいの間に出身地の十日町市、中魚沼地方で二〇ヶ所ぐらい、つぎつぎと演説会を開催するというかなり精力的なスタートであった。

青年同志も五〇人位にふえ、街宣車のスピーカー、ガリ版印刷機など必需品は各自どこからともなく調達してきて、徹夜で演説会用のポスターやビラを印刷し、翌日は集会予定の地域へ一戸、一戸個別訪問して配って歩いた。注目すべきことは、ビラがガリ版刷り、ポスターはすべて手書きということである。演説会が終わって事務所に帰ると反省会、そして翌日の準備と休むひまなく続けられた。

一二月からはさらに拍車がかかり、夜一回だけ行なってきた演説会ではスケジュール的に間に合わないということで午前一回、午後二回、夜一回と四会場をこなすことが多くなってきた。夜の演説会と翌日の準備は同志が仕事を終えてから手伝ってくれたが、午前と午後の集会は仕事があるので、彼自身街宣車を運転し、演説会の会場案内から、会場設営、さらに司会、演説、後援会入会のお願いまで一人でこなしたこともめずらしくなかった。

この時期は、ものめずらしさも下火になっていたこと、雪国新潟の厳寒の時期でもあり、聴衆の入りは、五〜一〇名くらいのときがいちばん多く、三人くらいのときもあった。彼にとってこの一二月から二月頃がもっとも精神的には苦しかったときではなかっただろうか。彼はどんなに少ない聴衆のときでも一人で一時間半くらい演説をした。聴衆が恐縮して座談会みたいでよいといっても、演説は政治家のいのちですからといって通した。このことが結果的には年輩の支持者をえる結果につながり、のちにこの時期の人びとが有力な後援会幹部となっていった。

新潟四区は定数三名で自民二、社会一の割合できている。自民党、大竹太郎（四区きっての大会社社長・中曽根派）、高鳥修（町長・県議出身・田中派）、社会党、木島喜兵衛（日教組出身）の現職組、これに自民・元で知事の子息、塚田徹（二世・福田派）、共産党の須藤友三郎が常連。これに白川が初挑戦する。どう見てもうしろだてのない白川に勝ち目はなく、誰の目にも泡沫候補として映っていたとしても不思議ではない。

しかも、新潟四区は頸城山脈によって大きく二分される。白川の出身地である十日町・中魚沼地方と旧直江津と旧高田両市が合併して生まれた上越市を中心とする上越地方とである。票の分布から見ると十日町地方六万票に対して上越地方二四万票と四倍の違いがあり、これを反映して十日町地方からは、戦後間もなくの選挙のとき一人代議士が出たことがあるだけで、以後は皆無であり、白川を除く他の候補はすべて上越地方の出身者ばかりである。

このあたりを十分考えた結果であったろう、帰郷してすぐ上越市に「白川勝彦政治・法律総合事務所」を開設しているが、運動の中心は縁故のある十日町地方に集中せざるをえない。「十日町から代議士を!!」という呼びかけは、好感を持って受け入れられ、十日町地方では序々に白川を応援する人は多くなっていった。

いちおうのメドのついた昭和五一年二月から、大票田の上越地方への本格的な切り込みを開始することになったが、兄の援助と弁護士活動の収入に頼ってきた資金が行き詰まり、彼にとっては経済面でいちばん苦しい時期となる。奉加帳をまわし資金カンパを確保した上で、上越進攻をすべきだという考えと、青年同志の力で何とか切り抜けたいという二つの意見が出たが、彼は資金は活動をしていてはじめて集まるものであるとの持論を押し通し、同志のカンパでまず必死の活動を始める。

にもかかわらず、予想したこととはいえ、上越地方の反応は冷たく聴衆も一〇〜二〇人くらい。しかし若い同志は、十日町のガリ版印刷工場と化した事務所から毎日、手づくりのガリ版刷りのビラを持ってきて、各戸配布をこつこつと続ける。こうした青年たちの上越での活動に、十日町の年輩の人や地域の有力者たちがようやく腰を上げ、後援会結成の話しが急速に高まり、四月に十日町・中魚沼から八〇〇名が参加して発会式が行なわれた。会長・山内正豊（十日町市商工会議所会頭・十日町新聞社社長）、副会長・越村勝治（十日町市市会議員）、幹事長・星名甲子郎（十日町機械㈱社長）というそうそうたるメンバーがそろった。

白川を中心とした地元青年の半年の運動は、ようやく日の目を見、「十日町から代議士を!!」の呼びかけに大きな〝こだま〟が返ってきた。青年同志も、この頃になると白川とのふれ合い、議論のなかで切磋琢磨され、以前にもまして自信にあふれていた。白川は同志を単に選挙のためと考えていない。地域社会の立派な指導者になって欲しいと口ぐせにいっている。だから無理も平気で頼む。同志もそうありたいと一所懸命に頑張る。他に見られない関係にまで育ってきていた。

この後援会の発足は当初の精神的・経済的不安をふきとばし、本来の政治活動に白川を没頭させた。青年同志も自信をえて後援会の拡大活動に専念するようになり、急速に組織は拡大していった。昭和五一年九月九日、選挙が目前という情勢のなかで、十日町市体育館で後援会の総決起大会を開催、二〇〇〇名の予定に対し、台風の影響による豪雨のなかにもかかわらず、じつに四三五〇名という多くの人の参加を得、会場はあふれんばかりの熱気。そのなかで三一歳の白川は「日本の夜明けは四区から。努力する者が報われる社会を」と訴えた。ゼロから出発してわずか一一ヶ月、一人の無名の青年が、四〇〇〇人を超える後援会の総決起大会を持つことができた。何が彼をここまで引き上げてきたのか。

## 特異な選挙キャンペーン

日本の選挙で〝イメージ〟ということがいわれだして久しいが、本格的になってきたのは、ケネディ対ニクソンの大統領選挙あたりからである。当初はなかなか日本の選挙にはなじまないかに見えたが、昭和四〇年、藤原あきに続いて石原慎太郎が参議院全国区で最高点当選を果たし、タレント議員のはしりを作ると同時に、石原のイメージ戦略が脚光をあびた。一瀉千里、それからはイメージ選挙はあらゆる工夫と努力の結果、制作物・話し方・書き方・テレビ・講演会でのジェスチュアにいたるまで計算され尽くしたイメージが生み出されてきた。そしていま、選挙といえばイメージというほど氾濫している。

白川の選挙運動を見ていると、こうしたイメージ選挙とはほど遠いものがある。選挙プロが参加しているわけでもない。制作物を広告代理店に依頼しているわけでもない。すべて白川とその同志たちの試行錯誤のなかから生まれてきている。しかし、よく考えて見ると選挙民に対して白川勝彦は、じょじょにではあるが確実に入り込んできた。白川は理解され、好感を持って受け入れられ始めたことは事実である。では、白川におけるイメージ選挙とは何か。

いままでの選挙では、まずキャッチフレーズを作り、それにあわせて候補者作りをしてきた。さらに、選挙民に対し作られたイメージを売り込んできた。白川の選挙では選挙民自身に候補者のイメージを作らせてきた。白川は運動のなかからこそキャッチフレーズは生まれるものであって、最初に作るものではないと考えていた。この違いが大きい。厚化粧した人は一見美しく見える。しかし笑えば小ジワが強調され泣けば化粧が落ちる。だから、ただ笑みを浮かべてうなずくだけ、相手から見れば何を考えているかまったくわからない。

素顔の人は、小ジワも見えるし、ソバかすもある。しかし、おかしいときは大声で笑い、悲しいときは大粒の涙で泣いても素顔、何の気どりも必要ない。そうしたつき合いのなかから相手がその人のよさを見出してくれる。これは、日常われわれが当然のこととして受け入れている事実である。それがいつの間にか選挙では、その反対のことが一所懸命に行なわれてきた。白川選挙キャンペーンは、その意味で従来のイメージ選挙を「裸の王様」と指摘している。

白川自身は、選挙にあたって考えたのは、選挙民が潜在的にどんな政治家を望んでいるかがいちばん重要であって、選挙民の多くが望んでいない者を出そうとすれば、そこに無理が生まれるといっている。「白川勝彦、三〇歳、東大卒、弁護士」これが最初から、最後までの彼の履歴書であった。むろん当選したとき、年齢は三四歳になっていたが……。

「三〇歳」、若さ・行動力を感じさせる「東大卒」、単なる若さではない。知性、理性に裏打ちされた若さ、行動力であることを強調。「弁護士」社会人としてその基盤を築き、正義感を持ち、ロッキード事件に見られる政治の腐敗を正しうる人物であることを決定づける。これだけの事実を選挙民に示せば、あとはいかに自分は政治家としてふさわしいかをくどくど述べなくとも、選挙民は政治家として好ましい条件を持っている者とのイメージを自分のなかで作り上げる。

つぎに彼は、あらゆる演説で「リベラルな保守政治を作る」といった。聴衆は納得した顔をして帰るが二度、三度と聞かされると、「リベラルな保守政治とはどんなものですか」という質問となって返ってくる。いざ答えるとなると非常にむずかしい問題である。最後には、彼は「要するに、この白川がリベラルな政治家で、この白川がやる政治が、リベラルな保守政治なのです」とやる。なるほどと思うが、まだ十分納得いかない。新潟四区の白川を知るほとんどの人にとっては、いまでもこの「リベラルな保守政治」とはどんなものなのか、疑問として残っていることは事実であり、白川はそれでよいと考えている。

今後、一〇年、二〇年と白川とともに行動し、白川の言動を見つづけることによって、その回答を一緒に作ろうではないですかといっている。

この他にも白川にはむずかしい言葉が多い。「私は四区の良識でありたい」もよく使う。自分は非常識な人間であると思いたい者はいない。だから「四区の良識」とは何かという疑問が返ってくる。議論していると、彼のいっている「四区の良識」とは「日本の良識」のことであるのに気がつく。そこで「日本の夜明けは新潟四区から」と訴えていることの意味を理解する。

選挙民の意識も新潟四区の政治だけではなく、日本全体の政治も考えなければいけないという気持ちになってくる。

　文章にも漢字や難語がやたら多い。彼はそれへの問いを待っている。そして徹底的に話し合う。自分の考えをいい尽くす。あとの判断は相手にまかせる。人によっては彼の話は荒っぽいという。当選後も何人かの新聞記者がそういっていた。しかし彼は、常に相手が疑問、反論してくるのを待っている。そこで話し合ってその荒っぽい話のキメを細かにうめていく。能力がないのではなく、おしきせの論理的に完璧な話を好まないのである。多くの違う意見を聞きうる可能性を大切にしている。「へつらわない、気どらない、ありのままの自分を見てもらって判断してもらうんだ。それで相手がいやといったら仕方がない」これが彼の人生哲学である。これだけ赤裸々に自分を出して見せたのだから、あなたがたが白川勝彦という人間のイメージを作ってくれ、それが政治家として好ましいものだ、だから投票してくれということである。

## どうどう二位で初当選

　中央政界に親分と頼む人もなく、中央からのタレント、有名人の応援もいっさいなし、弁護士報酬と地元のカンパのみ。ガリ版刷りのビラとポスター、準備期間は正味一年二ヶ月、永田町と霞ヶ関の違いもよくわからない。「泡沫」候補は、昭和五一年一二月五日投票のいわゆるロッキード事件選挙で、大方の予想をはるかに超える三万三八五票を獲得、次回の有力候補となった。当選まであと一歩のところまできた。

翌朝からマイクを持って街頭に立った白川には大きな自信があった。彼はこの敗戦で三点について反省をしていた。一つは政治家としての進路でわかりやすさを出せなかった。第二は中央とのつながりが弱かったので話が抽象的になった。第三に上越地区での組織作りが不備であった。この三点を解決して、いままで通りの運動をやれば勝てるという自信である。

わかりやすさを出すために、彼の生いたち、政治へ進む動機、政治家として何をやりたいかをまとめて『地方復権の政治思想』という著書を出版、約一万部を売り、資金の一部にあてたが、好評で白川を理解するバイブルとして回し読みもされた。

選挙の前に、誘いを受けた新自由クラブ幹部と積極的に会い議論して、思想的には共鳴するが方法論、体質において納得できない面があるとの結論で、自民党入党を決意、進路を明確にした。紆余曲折のすえ入党、派閥は白川のあおりを受けて落選した大竹太郎が引退することもあって、大竹の属する中曽根派とまず接渉があった。白川自身は「リベラルな保守政治を作る」というなかでのリベラル派として、新自由クラブ、自民党では大平正芳を考えていたので大平と一度会って話したいと考えていた。

大平内閣が誕生する前、加藤紘一衆議院議員（山形二区選出）に会い相談した。まもなく大平内閣が誕生し、それから半年、内閣官房長官になっていた加藤紘一から呼び出しがあり、上京するとその日のうちに大平総理に会わせるといわれ驚いた。お互い一回目で同志の誓いをし大平派入り、鈴木善幸の指導を受ける。

当時、白川はこういっていた。「回数としては中曽根さんと会った方が多いが、中曽根さんより大平さんが自分に対していいイメージを作ってくれたんだなあ」と。

昭和五四年八月八日、「八・八集会」白川勝彦後援会、勝友会の大会が上越市で開かれた。前回破れて二年八ヶ月、精力のほとんどを上越地区に注ぎ込み、後援会作りをやった成果を問う日であり、秋口に予定されている選挙を占う上で重要な集会である。大きな集会として初めて中央からの応援をえた。大平派幹部で元外務大臣の宮沢喜一、内閣官房副長官の加藤紘一。会場は超満員、壇上まで聴衆があふれ入れない人まで出た。

白川は壇上で「血も汗も涙もわかるみんなの政治、代議士になってもえばらない」と訴えながら、前回まったく票の出なかったこの地区で、これだけの動員ができたことに感謝していた。前回の白川の善戦で、上越地区の青年が既存の政治家組織の圧力をはねのけて、白川陣営に参加してくれた。その成果が現われた。今回、十日町地区はほとんど同志にまかせっきりで、白川自身は上越地区に全力投球した。それだけ十日町地区の団結はかたまった。

前回破れて反省した三点をいちおう納得いく形に収めた。しかし、現職組に邪魔をされ公認をとれず、保守系無所属としての立候補を余儀なくされたが、勝負はついていると確信していた。昭和五四年一〇月一七日、白川はトップに二三二〇票と迫る、六万六四二八票でどうどう第二位で当選した。

初登院の日、衆議院の門の前に地元から同志代表が約五〇人、街宣車で乗りつけた。車体の横には「熱い魂《ロマン》、汗する知性」と太書きされていた。白川の四年間の運動の総決算として生まれたキャッチフレーズである。（敬省略）

# 編集後記

永田町徒然クラブ・青年部

本当にお恥ずかしい話ですが、つい最近まで私たちは政治というものに全くと言って良いほど関心がありませんでした。確かに、テレビやWWWのニュースで取り上げられている政治の話題には目を通していましたが、それが一体何を意味するのか、また、私たちの生活にどのように関るのかを真剣に考えたことはありませんでした。また、選挙の時も投票日に何も予定がなければ、暇つぶしがてらに投票に出かける程度。むしろ「政治なんてものは、自民党に任せておけばいい。昔からそうだったのだから、これからも同じでいいじゃないか」とすら思っていたほどです。二〇〇七年七月の参議院選挙で自民党が歴史的大敗を喫した時も、安倍総理辞任の時も、つけっ放しだったテレビから垂れ流される特番を眺めながら「まぁ、どうせ何も変わりはしないだろう。何かが変わっても自分の生活には、何の影響もないさ」と思ったのを鮮明に覚えています。

それから月日は流れ、猛暑が続いた二〇〇八年の夏も終わりに差し掛かった九月上旬のある日、いつも仕事でお世話になっている方から、

「白川先生のブログを一冊の本にまとめることになったのですが、編集委員をしてみませんか」

というご連絡を頂戴いたしました。白川先生のブログは何度か拝見したことがありましたが、特に熱心な読者という訳ではありませんでした。また普段は、IT関連の仕事を生業としている私たちからしてみれば政治に関する書籍の編集に携わるお話を頂戴するとは予想もしていなかったので、このお誘いには大変驚きました。

「これも何かの縁かもしれない。これを機会に、いままでより少しだけ政治に興味を持ってみよう」

そう思った私たちは、WWW上に公開されている「永田町徒然草」のバックナンバーを読むことからはじめました。政治に関する知識が皆無に等しい私たちにとって、「永田町徒然草」の内容は決して易しいものではありません。記事の中で紹介されている政治家の名前を一つとっても「一体、この人はどんな人なのだろう……」という状態でしたので、常にgoogle（WWWの検索エンジン）などで調べものをしながら読み進めていきました。これに所属政党や、審議されている法案の名前と内容に何度も頭がパニックになりかけたのは言うまでもありません。「やっぱり政治は難しい。私たちが理解できる範疇を超えている」と思ったことも一度や二度ではありませんでした。

「永田町徒然草」を読み始めて一週間くらい経ったころでしょうか。記事に書いてある内容が徐々に理解できるようになってきたのです。それにつれて、今の日本で行われている政治は本当に国民が望む方向に進んでいるのかと疑問を抱くようになり、政治について真剣に考える時間が多くなってきました。また、政治に関する活発な議論を行っているウェブサイトを訪問して、政治に関心のある方々がどのように考えているのかも勉強しました（残念なことに議論に参加できるほどの知識と理論はまだありませんが）。同時に、少し前の私たちと同じく政治に関心のない方々に少しでも興味を持って頂きたい、と思うようになり本書のお手伝いをさせて頂くことにしました。

本書は、二〇〇七年五月から二〇〇八年九月までの間に「永田町徒然草」に掲載された約五三〇本にも及ぶ原稿の中から、読者の皆様が記憶されているであろう大きな話題を中心に選定を行ったものです。いずれの記事も、一度は見聞きしたことのある内容ばかりだったのではないでしょうか。また、かつての私たちのように政治の知識に乏しい方でも肩肘を張らずにお読みいただけるように、政治の本質を捉えつつも、読みやすい記事を選んだつもりです。

まえがきで白川先生も触れておられましたが、ここに収録された記事が「永田町徒然草」の全てではありません。当初、六名の編集委員が持ち寄った収録記事候補は、実に二五〇篇を超えていました。紙幅の都合上、この中から、編集委員の支持が高かったものを七〇篇選びましたが、この過程で泣く泣く収録を断念した記事もたくさんあります。これらの記事は全て白川先生のＷＷＷにある「永田町徒然草」でご覧になることができます。また、今後も政治の動きに合わせて様々な記事が追加・更新される予定です。携帯電話向けのＷｅｂも用意されていますので、パソコンをお持ちでない方も、是非一度、アクセスしてみてください。

最後になりますが、政治に関する知識が皆無に等しい若輩者を編集委員に採用してくださった白川先生、そして本書の出版にご尽力くださった花伝社の方々、記事選定にご協力いただいた皆様、そして本書を手にとっていただいた読者の皆様に心から感謝申し上げます。また、本書により政治に興味を持っていただいた方が一人でもいらっしゃれば、これ以上嬉しいことはありません。

二〇〇八年一〇月

携帯電話からも「永田町徒然草」を
お読みになることができます。

URL : http://www.liberal-shirakawa.net/tsurezuregusa/ktai/

白川勝彦法律事務所WWWでは
「法の庭徒然草」を連載中です。

URL : http://www.lawyershirakawa.com/lawlog/k/

## QRコードの読み取り方

1. バーコードリーダーを起動します。

■DoCoMo

カメラを起動 ⇒メニュー(機能) ⇒カメラモード切替・バーコードリーダーまたはアクセサリ⇒バーコードリーダー

■AU

アプリボタン⇒バーコードリーダー

■Softbank

メインメニュー⇒ツール画面⇒バーコード

2. QRコードを画面中央に表示して撮影します。

3. URLが表示されたらクリックしてください。

※詳細な操作方法は携帯電話の取り扱い説明書をご覧ください。

白川勝彦（しらかわ　かつひこ）
1945年新潟県十日町生まれ。1968年東京大学法学部卒。1971年司法修習を終え、弁護士に。1975年30歳で衆議院選挙に立候補を決意、郷里の新潟4区（当時、現在の新潟6区）で政治活動を始め、1979年34歳で初当選（以後、当選6回）。
国土政務次官、郵政政務次官、商工委員長などを務めた後、1996年11月自治大臣・国家公安委員長に就任。自民党では、総務局長・団体総局長・新潟県連会長などを務める。2001年2月自民党を離党。公明党の政権参加を批判する新党・自由と希望を設立。
現在、弁護士。
著書に『自自公を批判する』（花伝社）、『自公連立解体論』（花伝社）、『いまリベラルが問う』（イプシロン出版企画）など。日々更新される「永田町徒然草」が読める著者のサイトは、毎日1万アクセスを誇る。URLは、
http//www.liberal-shirakawa.net/index.html

白川勝彦法律事務所
〒105-0003　東京都港区西新橋2-39-8 鈴丸ビル3階
電話：03 (5425) 4710　FAX：03 (5425) 0029

政権崩壊——永田町徒然草

2008年10月22日　初版第1刷発行

著者 ——白川勝彦
発行者 —平田　勝
発行 ——花伝社
発売 ——共栄書房
〒101-0065　東京都千代田区西神田2-7-6 川合ビル
電話　03-3263-3813
FAX　03-3239-8272
E-mail　kadensha@muf.biglobe.ne.jp
URL　http://kadensha.net
振替 ——00140-6-59661
装幀 ——テラカワアキヒロ
印刷・製本 —中央精版印刷株式会社


ISBN978-4-7634-0531-9　C0031